小康路上一个都不能掉队!
————习近平2017年新年贺词

发展残疾事业,加强残疾康复工作。
————习近平中共十九大报告

《学前发展障碍儿童复康社会工作手册》
作者名单

司徒妙萍　香港注册社工，协康会区域经理
黎鸿升　香港注册社工，协康会区域经理
姜源贞　香港注册社工，协康会教育心理学家
林纯贞　香港注册社工，协康会中心经理

社会服务发展研究中心　主编

康复社会工作实务系列

（社会工作实务手册·第二辑）

学前发展障碍儿童
康复社会工作实务手册

香港协康会　著

·广州·

版权所有　翻印必究

图书在版编目（CIP）数据

学前发展障碍儿童康复社会工作手册/协康会著. —广州：中山大学出版社，2018.1

（社会工作实务手册. 第二辑：康复社会工作实务系列）

ISBN 978 - 7 - 306 - 06206 - 2

Ⅰ. ①学… Ⅱ. ①协… Ⅲ. ①学习障碍—学前儿童—康复训练—社会工作—手册 Ⅳ. ①G442 - 62

中国版本图书馆 CIP 数据核字（2017）第 249341 号

出版人：	徐　劲
策划编辑：	葛　洪
责任编辑：	葛　洪
封面设计：	林绵华
责任校对：	廖丽玲
责任技编：	何雅涛
出版发行：	中山大学出版社
电　　话：	编辑部 020 - 84111996，84113349，84111997，84110779
	发行部 020 - 84111998，84111981，84111160
地　　址：	广州市新港西路 135 号
邮　　编：	510275　　传　真：020 - 84036565
网　　址：	http://www.zsup.com.cn　E-mail: zdcbs@mail.sysu.edu.cn
印 刷 者：	广东省农垦总局印刷厂
规　　格：	787mm × 1092mm　1/16　13.75 印张　130 千字
版次印次：	2018 年 1 月第 1 版　2018 年 1 月第 1 次印刷
定　　价：	35.00 元

如发现本书因印装质量影响阅读，请与出版社发行部联系调换

序一

张建宗
香港特别行政区政府政务司司长

  我们每个人无论贫富伤健，都有天赋的能力和权利。残疾人士虽然在某些方面受限制，也要克服种种挑战，但亦有自己的特长和才干，只要给予适当的机会，就可以和你我一样为社会做出贡献。

  香港特别行政区政府（下称"香港特区政府"）矢志构建一个关爱互助，伤健共融的社会。自2008年8月31日起，联合国《残疾人权利公约》（下称《公约》）已适用于中国内地及香港特别行政区。《公约》的宗旨是促进、保护和确保所有残疾人士充分和平等地享有一切人权和基本自由。特区政府一直致力透过不同的措施，加强残疾人士的能力，支持他们全面融入社群，以体现《公约》的精神。

  我衷心感谢社会服务发展研究中心（下称"社研"），致力推动香港与内地社会福利服务的知识传播及经验交流，更借诸督导和培训工作，提升内地社工服务的专业水平。"社研"联同6间香港的福利机构，出版一套7册的"康复社会工作实务系列"丛书(下称"康复实务")，就(1)肢体残疾及慢性疾病；(2)智力残疾成人；(3)精神健康；(4)听力损伤；(5)视力损伤；(6)学前发展障碍儿童及(7)康复社会工作基本理论与方法，作专题探讨，深入介绍不同范畴的康复服务在香港的发展情况，供内地的广大读者和福利界同工参考。我深信，"康复实务"将有助于内地社会工作及康复服务的进一步发展。

特区政府的康复政策目标，是建立无障碍环境，让香港在硬件、软件以至文化思维上，体现出平等、共融的精神，并帮助不同年龄层、不同类别的残疾朋友发挥所长。我们投放于康复服务的整体经常性开支持续增

长,由2007—2008财政年度的166亿港元,增至2016—2017财政年度的301亿港元,增幅达81个百分点,充分说明我们的承担和诚意。

此外,特区政府康复政策的覆盖面非常广泛。除了"康复实务"涵盖的范畴外,亦致力协助残疾人士升学、就业和融入社区;构建无障碍配套设施;支援残疾人士家属及照顾者;支援病人自助组织的发展;透过宣传教育、资助社会企业及配对商界捐款等不同方式,启动民商官的跨界力量,共同参与推动有利残疾朋友发展的政策举措等,务求在公共资源投入及政策设计上协同配合,为残疾朋友提供及时、适切和到位的支援。

过去9年,我作为特区政府的劳工及福利局局长,深深明白到,香港康复服务持续和显著的进步,全赖一班默默耕耘的福利界同工、社会工作者,以及像"社研"一样的民间机构,与特区政府的紧密合作。我期盼内地的福利界同工和社会工作者,能从"康复实务"中得到更多启迪,为你们在推动康复服务发展的路上,加添知识、智慧和力量。

序二

杨茂
中央人民政府驻香港特别行政区联络办公室社会工作部部长

欣闻香港社会服务发展研究中心（简称"社研"）又一力作——"康复社会工作实务系列"丛书即将付梓，谨此表示衷心祝贺！

2007年以来，"社研"因应国家大力发展社会服务和培养社会工作人才需要，大力推动香港与内地社会福利服务交流与合作，派出大批资深香港社工到深圳、东莞、广州等"珠三角"地区开展督导工作，同时为内地民政系统官员和一线社工提供培训服务，培养了大批优秀社工人才，为内地社会服务工作快速发展和社工人才队伍建设做出了突出贡献。然而，有幸接受香港督导"面授机宜"的人数毕竟有限，为扩大影响面，让香港社会福利界的先发优势和资深社工的经验惠及更多内地社工，让更多内地相关政府部门人员更好地了解和借鉴香港社会服务工作经验，"社研"近年适时将香港督导在内地工作的经验汇编成册，连续出版了多部社工专业书籍，反响热烈，广受内地社工专业人士的欢迎。"康复社会工作实务系列"丛书更是"社研"自2013年出版《社会工作实务手册》（中山大学出版社，2013）后又一套较为全面的社工专业手册。该书共7册，由"社研"联合香港不同类型的康复机构共同撰写，聚焦康复社会工作，内容涵盖肢体残疾及慢性疾病、智力残疾成人、精神健康、听力损伤、视力损伤、学前发展障碍儿童康复及康复社会工作基本理论与方法，内容充实，案例丰富。相信该书的出版，将为内地同行学习和了解香港经验提供有益借鉴，必将有利于内地康复领域社会工作的专业化发展。

经过十多年的努力，内地社会工作已取得长足进展，社会工作人才数量大幅增加，但离"建立一支宏大

的社会工作人才队伍"的目标还有不小差距。期望"社研"不忘初心，不懈努力，发挥自身优势，继续协助内地培养社工人才，推动开展社会福利事业，不断在理论和实践上为内地社会工作建设添砖加瓦！

序三

邱浩波
社会服务发展研究中心主席

社会服务发展研究中心（以下简称"社研"）一直致力推动内地及本地社会服务发展。"社研"于2007年开始在深圳启动"先行先试"的社工督导计划——"内地社工专业督导计划"，到现时曾接受"社研"香港督导顾问培训的学员已遍布全国。此外，"社研"还在各方面支持内地社工专业发展，所以除督导计划外，"社研"在出版工作上亦投入了不少心力，希望以文字留下宝贵印记。"社研"分别出版《先行先试：深圳社工专业闪亮点》（中山大学出版社，2011年）、《社会工作实务手册》（中山大学出版社，2013年）以及《同心同行：香港顾问及深圳社工机构交汇点》（中山大学出版社，2015年），这些书籍均针对内地社工服务专业发展的需要而出版，深受两地同业的认同。内地发展社工服务已接近10年时间，整体社工发展模式已渐上轨道，近年重点亦逐步走向专项化服务发展轨道。

康复服务在社工专业服务中是一个重要的领域，世界上有10亿残疾人，约占全球人口的15%，其中近2亿受着相当严重的功能困难的困扰。根据统计，2010年，中国内地的残疾人已高达8 502万人。康复人士的社会服务需要实在不容忽视。有鉴于此，"社研"特意筹备"康复社会工作实务系列"丛书。本系列丛书一套7册，《康复社会工作基本理论与方法实务手册》为导读手册，概括介绍残疾的概念、分类和统计、康复社会服务的演进、现时主要康复社会工作以及无障碍环境的配套设施。而其余6本手册则分别深入介绍6大康复社会工作的理论与技巧，包括智力残疾成人、学前发展障碍儿童、视力损伤、肢体残疾与慢性疾病、听力损伤及精神健康这6大领域的康复社会服务。专题手册注重实务经验上的分享。内容除解释致残成因及预防问题外，还重点介绍现时香港该残疾领域所提供的服务及服务成效

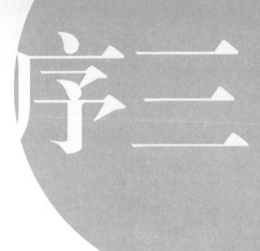

评估方法、社工实务工作手法,并辅以在个案、小组及社区工作上的实务分享。"社研"希望透过这套手册向内地介绍香港康复服务的状况,增进两地业界更多的交流,推进康复服务的创新和发展,令残疾人士及其家属在艰辛而漫长的康复过程中得到更适切的服务。

"社研"特意邀请6间提供优质康复服务的香港社会服务机构撰写专题手册,当中包括扶康会(智力残疾成人康复)、协康会(学前发展障碍儿童康复)、香港盲人辅导会(视力损伤)、香港复康会(肢体残疾与慢性疾病)、香港聋人福利促进会(听力损伤)及新生精神康复会(精神健康)。"社研"感谢这6间香港社会服务机构无私地分享他们在康复领域内的知识及宝贵经验,并派出资深同工参与本套手册的编辑小组工作,令这套手册得以顺利出版。

前言

　　香港协康会成立逾半个世纪以来，一直致力为有不同能力的儿童及其家人提供适切而优质的服务，协助他们尽展所能，建立积极人生。家人的同行和支持是儿童茁壮成长的基石，本会提倡"家庭为本"的服务理念，致力运用不同的策略、活动和网络，协助家长掌握育儿技巧，关顾各家庭成员的身心健康，由跨专业队伍为整个家庭提供专业训练及家庭支援服务。

　　本会的社会工作服务，由注册专业社工提供，为每个家庭的需要做出全面的评估，鼓励家长发挥所长，克服在培育儿童过程中所面对的种种困难。近年我们致力发展实证为本的家长课程，与香港大学、香港理工大学和香港城市大学合作，共同研发"教得其乐"家长管教课程及"心宽欢"家长静观体验课程，并采用最严格的实验对照研究方法进行成效评估。数据分析显示，两套课程皆可有效减轻家长亲职压力、提升他们的管教效能并促进亲子关系。

在提供社会工作服务时，我们采用一个整体而全面的模式，以个案工作、小组工作和多元化文康及教育性活动等不同的手法，为儿童及家长提供补救性至发展性服务，以满足他们的不同需要。服务对象包括儿童、家长以及对儿童有直接而重要影响的家庭成员。

我们深信有特殊需要儿童的福祉，与政府的政策和所提供的资源息息相关，所以我们积极推动家长组织建设工作，鼓励家长表达子女的需要，提升家长间的互助精神。

在整个康复服务中，建立接纳的社会环境是非常重要而困难的。本会的社工积极推动社区教育工作，促进社会人士对特殊组群的认识和了解，并与区内团体及学

校保持紧密的合作关系，鼓励有特殊需要的儿童及其家人善用社区资源，以达致伤健共融的目标。

本书为有志从事学前康复服务的社会工作者提供相关服务组群全面的社会工作介入理论及技巧知识，并提供实务例子，分享香港经验。社会工作发展需要随着社会的发展而与时俱进，读者们可定期浏览协康会网页（www.heephong.org），以获得最新的服务资讯。让我们携手为育有特殊需要儿童的家庭提供最优质的"家庭为本"的服务吧。

协康会总干事
曾兰斯
2007年夏

目录

第一章 儿童发展障碍的成因／1

1.1　儿童发展障碍的定义／2

　　1.1.1　《精神疾病诊断及统计手册》(第五版)／3

　　1.1.2　国际健康功能与身心障碍分类（儿童及青少年版）／5

1.2　香港关于儿童发展障碍问题的认识与发展／7

1.3　儿童发展障碍的成因／9

1.4　常见的儿童发展障碍／11

　　1.4.1　发展迟缓及智力残疾／11

　　1.4.2　语言发展迟缓／14

　　1.4.3　弱听／18

　　1.4.4　视力损伤／19

　　1.4.5　唐氏综合症／21

　　　　1.4.6　脑麻痹 / 23

　　　　1.4.7　自闭症光谱障碍 / 25

　　　　1.4.8　学习障碍 / 29

　　　　1.4.9　专注力失调/过度活跃症 / 31

第二章　服务需要评估 / 39

　　2.1　简介 / 40

　　2.2　卫生署母婴健康院的"综合儿童体能智力
　　　　观察计划" / 42

　　2.3　卫生署及医院管理局辖下的儿童体能智力
　　　　测验中心 / 44

第三章　儿童康复服务的类别 / 53

　　3.1　学前儿童康复服务 / 54

目录

　　3.1.1　早期教育及训练中心／54

　　3.1.2　幼儿园暨幼儿中心兼收计划／57

　　3.1.3　特殊幼儿中心／58

　　3.1.4　有住宿服务的特殊幼儿中心／61

　　3.1.5　残疾幼儿暂托服务／62

　　3.1.6　轮候资助学前康复服务儿童的学习训练
　　　　　 津贴／63

　　3.1.7　到学校前康复服务试验计划／65

　　3.1.8　低收入残疾人照顾者生活津贴试验
　　　　　 计划／68

3.2　学龄残疾儿童服务／71

　　3.2.1　轻度弱智儿童之家/兼收轻度弱智儿童的
　　　　　 儿童之家／71

  3.2.2 设有住宿服务的特殊幼儿中心／72

  3.2.3 住宿暂顾服务／73

  3.2.4 社区支持服务、残疾人士／病人自助

     组织／74

第四章 学前发展障碍儿童康复社会工作／79

4.1 社会工作的基本信念及价值／80

  4.1.1 社会工作的信念／80

  4.1.2 社会工作的价值／81

  4.1.3 社会工作的准则／81

4.2 基于家庭生态系统理论的家庭需要评估／90

4.3 社会工作者的角色／102

  4.3.1 个案管理者／104

  4.3.2 实务工作者／112

4.3.3　社会工作教育者 / 164

参考文献 / 173

编后语 / 184

社会服务发展研究中心简介 / 186

协康会简介 / 190

第一章 儿童发展障碍的成因

 儿童发展障碍的定义

儿童的成长是一个循序渐进的过程，虽然其发展速度有急缓，但次序却有一定的规律可循，前一个阶段是下一阶段的基石。通常，年纪相若的儿童在发展上都有共同的特征，但个别儿童可能会因先天或后天的因素而出现发展上的障碍，影响其发展的步伐。

所谓发展障碍（Developmental Disorders），泛指在幼儿阶段已可确诊的一种先天性，由心智或身体不健全（Mental or Physical Impairment），或两者共同引起的终身残疾（Life-long Disability），进而构成的严重及持续性的日常生活之重要功能限制（Functioning Limitations），包括自我照顾（Self-care）、语言接收和表达（Receptive and Expressive Language）、学习（Learning）、身体活动（Mobility）、独立生活（Independent Living）、经济自给自足（Economic Self-sufficiency）等方面的功能限制。

发展障碍影响儿童的正常成长，估计有5%～10%的学前儿童患有不同类别及不同程度的发展障碍（Fung & Wong, 2005）。政府对发展障碍儿童责无旁贷，须为他们制定相关的公共政策，由社会福利、卫生、教育等

政府部门及专业人员执行，依据个别的特殊需要，提供整合的、长期的、有计划的、协调的学前残疾儿童康复服务，以减轻发展障碍对他们成长及生活带来的功能性影响。长远而言，发展他们的潜能，能有效地减少发展障碍对社会未来的负担。

1.1.1 《精神疾病诊断及统计手册》（第五版）

《精神疾病诊断及统计手册》（Diagnostic and Statistical Manual of Mental Disorders，简称DSM），是由美国精神医学会（American Psychiatric Association，简称APA）之精神病学协会发表，在国际上应用最为广泛且影响较大的精神疾病诊断手册。随着人类对神经影像学、遗传学及行为科学等方面研究的不断深入，对精神疾病的认识也不断扩展，DSM自1952年出版以来就不断定期更新。2013年，美国精神医学会出版了《精神疾病诊断及统计手册》（第五版）（DSM—5），是其前一版出版19年后的又一次全面更新，被《自然》杂志评为2013年度科学界的重大事件。

DSM—5收录的疾病种类为22类，其中第一类为神经发展障碍（Neurodevelopmental Disorders），指儿童发展期出现的障碍，多在学龄前出现，该障碍会导致儿童在人格、社交、学术或工作方面能力的受损，具体体现在以下几个方面（APA，2013）：

（1）智力发展障碍（Intellectual Disabilities，33）。

（2）沟通障碍（Communication Disorders，41）。

（3）自闭症光谱障碍（Autism Spectrum Disorder，50）。

（4）专注力不足/过度活跃症（Attention-Deficit/Hyperactivity Disorder，59）。

（5）特殊学习障碍（Specific Learning Disorder，66）。

（6）运动障碍（Motor Disorders，74）。

（7）其他神经发展障碍（Other Neurodevelopmental Disorders，86）。

值得注意的是，以往称为"心智发展迟缓"（Mental Retardation）之病患被改名为"智力发展障碍"（Intellectual Disability），并被纳入包含"整体发展迟缓"（Global Developmental Delay）的诊断准则中。

"语音障碍"（Phonological Disorder）和"口吃"已经被更名为"沟通性疾患"（Communication Disorders），包含"语言障碍"（Language Disorder）、"说话性语音障碍"（Speech Sound Disorder）、"儿童期发病的流畅性障碍"（Childhood-Onset Fluency Disorder）以及"社交沟

通障碍"［Social（Pragmatic）Communication Disorder］，其特点表现为社交语意以及非语意性的沟通障碍。

至于"自闭症光谱障碍"（Autism Spectrum Disorder）则取代了"广泛性发展障碍"（Pervasive Developmental Disorder，简称PDD），将原来PDD包含的自闭症（Autism）和亚士保加症（Asperger's Syndrome）以及其他未注明之PDD纳入其中，以光谱概念来定义原先以不同症状和轻重程度来界定的自闭症类别。

DSM—5没有大幅度更改ADHD的定义和诊断症状，只是针对一些方面做了修订，这些我们将在关于儿童发展障碍类别的介绍中加以说明。其对于其他的特殊学习障碍和运动障碍的表述跟以往的概念区别不大，在此就不多加说明了。至于其关于"其他神经发展障碍"的诊断准则，则可参照DSM—5的描述。

1.1.2 国际健康功能与身心障碍分类（儿童及青少年版）

世界卫生组织2001年发布的"国际健康功能与身心障碍分类系统"（International Classification of Functioning, Disability, and Health，简称ICF），摒弃了过去一直采用的医学模式的观点，而是从生物—心理—社会模式（Biopsychosocial Model of Disability）的角度重新制定了ICF。

ICF（WHO，2001）以中性字眼来描述医学病因，关注于残疾人的功能性状态，而非病症或疾患。其分类立论于以下4个概念：

（1）身体功能（Body Functioning）——身体系统的生理、心理功能。

（2）身体构造（Body Structure）——身体的解剖部位，如肢体、器官组织及其组成单位。

（3）活动与参与（Activity and Participation）——活动是指可由单独的个人执行之工作或任务；参与存在于两人以上的生活情境之中。

（4）环境因素（Environment Factor）与个人因素（Personal Factor）——与人们日常生活和居住相关之自然、社会和态度的环境。

世界卫生组织随后发布的《国际健康功能与身心障碍分类》（儿童及青少年版）（International Classification of Functioning, Disability and Health for Children and Youth，简称ICF-CY）亦以ICF的概念架构为基础，采用了ICF的架构与类别，并在扩大ICF范围的前提下，增加了ICF中没有的附加细节，以统一与标准化的语言，定义了婴幼儿、儿童与青少年在身体功能、构造及其在

儿童发展障碍的成因

相关环境因素方面的活动限制（Activity Limitations）与参与障碍（Participation Restrictions）。

ICF-CY（WHO，2007）能帮助医生、父母、教师、研究人员、公共政策制定者及执行者，在促进儿童与青少年成长、健康和发展的过程中，记录其重要特征。孩童的成长与发展，构成了ICF-CY的概念内核，涵盖了发展中儿童认知、语言、游戏、性格与行为等方面的特质。

1.2 香港关于儿童发展障碍问题的认识与发展

推动学前儿童全面发展委员会（Committee on Promoting Holistic Development of Preschool）于2005年发布了对0～5岁学前儿童需求评估报告（Leung, Leung and Chan, 2005）。其中，转载了社会福利署康复服务中央转介系统弱能儿童学前服务子系统（Central Referral System for Rehabilitation Services Subsystem for Disabled Preschoolers）2004年3月按残疾分类登记的个案数据（见表1-1）。通过这些数据可以透视香港关于儿童早期发展障碍类别的确诊情况。

表1-1 香港儿童早期发展障碍类别的确诊情况

残疾类别	0~2岁	2~6岁
肢体（Physical）	21	281
痉挛（Spastic）	9	96
听觉（Hearing）	19	158
视觉（Vision）	24	123
智能（Intellectual）	70	2919
言语（Speech）	56	3718
自闭症（Autism）	5	706

临床经验告诉我们，于0~2岁的婴幼儿，其发展障碍比较容易被确诊，主要表现为整体或个别范畴的发展迟缓以及身体结构或功能不健全等类别（以弱听、视力损伤、脑麻痹等为主）。到了2~6岁的幼童阶段，其他类别的发展障碍，包括自闭症、特殊语言障碍、智力障碍等，会因幼童面对的发展阶段的挑战（Developmental Challenges）而出现的明显行为表征可获得确诊。此外，读写障碍、专注力失调/过度活跃症、动作协调障碍等类别的发展障碍，则通常需到了学龄儿童阶段，才会因老师和家长通过观察学童呈现出的显著学习和行为、情绪困难而被转介和确诊。

1.3 儿童发展障碍的成因

导致儿童发展障碍的原因很多,并且是相当复杂的。很多儿童的发展障碍,其具体的成因不明。以下是一般值得留意的因素,包括:

(1) 产前因素——遗传、基因异常/病变;父母年龄;孕妇先天疾病、不当服药、抽烟、酗酒、营养不良;环境污染/放射线等。

(2) 生产因素——难产或早产婴儿并发症;缺氧、出生体重不足、颅内出血、高黄疸与感染症等。

(3) 产后因素——脑部疾病/受损(脑炎或脑部创伤)、生理疾病、意外伤害、营养问题;早期环境经验(家庭状况、教养方式)等。

(在下面提及不同的儿童发展障碍时,将会进一步对其成因加以说明)

值得注意的是,关于儿童发展受什么因素影响的问题,比如是由先天遗传因素决定,还是由后天发展环境决定,这在发展心理学史上始终是一个备受争议的命题。

遗传论者认为,儿童发展是由先天的遗传因素所决定的，后天环境和教育因素只能推迟或加速这些先天性遗传因素的显现而不能改变它。

环境论者认为，环境决定儿童的发展。行为主义心理学派的"刺激—反应"理论，强调的就是儿童发展是由后天环境和教育因素所决定的，其在总体上是否定先天遗传因素对儿童发展的影响的。

不过，现有的共识是，先天因素与后天因素并非是对立的，而是交互影响的。

先天因素与后天因素交互论者认为，遗传、环境和教育在儿童发展过程中都发挥着作用并显现出交互作用关系，遗传和生理成熟都制约着儿童发展的潜在可能性，环境和教育则在这个条件下决定着发展的过程，其中教育起着主导性和决定性作用。

近年来，越来越多的研究结果显示，应强调基因与环境诸因子的整合效应。研究表明，基因关系着大脑的发展速度及成熟性，环境和教育则影响儿童潜在的发展。近年来，医学研究最大的进展与突破，是发现了环境因素会影响某些大脑基因的开启与关闭，基因之表现与否会受环境的影响。目前，医学界最大的愿望是找到某些大脑基因表现的关键期，以了解是否在这些关键期给予较多的刺激便会使该基因开启，从而有助于儿童克服因发展障碍而给某些方面带来的发展限制。

儿童发展障碍的成因

1.4 常见的儿童发展障碍

1.4.1 发展迟缓及智力残疾

发展迟缓（Developmental Delay）泛指未满6岁的婴幼儿在认知发展（Cognitive Development）、生理发展（Physical Development）、语言及沟通发展（Language and Communication Development）、心理社会发展（Psychosocial Development）或生活自理技能（Adaptive Functioning）等方面，与同龄儿童比较，出现一个或一个以上方面的明显落后或异常发展（Pierangelo & Giuliani, 2007）。

在如何界定发展迟缓问题上并没有统一的标准。有些地方，将在与同龄儿童的能力发展比较时表现最差的10%～20%，界定为发展迟缓。

传统的心理测量工具，会以婴幼儿评量结果，与实际年龄相差几个月来表达，比如，

（1）在2～12个月之间，须有两个月以上的迟缓。

（2）在13～24个月之间，则须有3个月以上的迟缓。

（3）在25～36个月之间，则须有4个月以上的迟缓。

甚或采用医疗实务的界定标准，与同龄儿童的平均数比较，落后1.5～2个标准偏差（Standard Deviation）以上，被称为迟缓或异常。

发展迟缓的成因非常多，无论是先天或后天的脑神经肌肉损伤，还是社会心理环境因素，都可能导致发展迟缓。临床经验告诉我们，部分确诊个案的成因未明。导致发展迟缓的常见原因包括：

（1）遗传基因出现问题。

（2）异常染色体。

（3）母亲怀孕期间受感染。

（4）脑部缺氧、受创伤和震荡，或受到过细菌或病毒感染，例如脑膜炎。

（5）早产或营养不良引致脑部发育不正常。

（6）缺乏适当的社交或语言启发。

发展迟缓婴幼儿一般表现出以下特征：

（1）在多方面的发展进度上较同年龄的儿童落后，如大小肌肉发展较慢、肌张过低、语言发展较慢、感觉接收或辨别能力较弱等。

儿童发展障碍的成因

（2）学习较缓慢、较难理解抽象概念和运用逻辑推理。

（3）专注力及记忆力较弱。

（4）自理技巧较弱（如进食、穿衣、梳洗及如厕等）。

对于发展迟缓儿童，如果能及早诊断，则可以借助医疗、教育、福利等服务的介入，减少发展迟缓儿童在未来形成障碍的可能性，或是减轻未来障碍的程度。实践证明，3岁前开始接受康复及早期教育的效果，是3岁后的10倍，因而3岁前一般被视为早期介入的黄金期。而家长及家庭的配合和参与并有效地利用社会资源，以支持发展迟缓儿童的潜力开发，对他们更为重要。

值得注意的是，虽然亦有部分的发展迟缓儿童其后的发展可达至同龄人或接近同龄人之水平，但发展迟缓也可能是智力残疾的早期症状。

智力残疾（Mental Retardation）为发展障碍的一类，其症状通常在幼儿或孩童时期已经出现。智力残疾儿童在智力和社会适应能力方面明显较同龄儿童逊色，并在学习、沟通、自我照顾、社交及日常生活适应方面出现明显困难，其障碍程度可表现为轻度至极严重程度。

根据目前普遍采用的国际分类系统，智力残疾可按照其严重性分为轻度、中度、严重及极严重程度：

（1）轻度及中度智力残疾人士在发展上所对应的障碍较少。在适当的训练及协助下，他们可以学习一般生活技能并是自我照顾能力。

（2）严重及极严重智力残疾人士则需要多方面的深入训练和辅助，才能达到应付日常生活的基本要求。

香港一般采用的是"三级制"分级体系，即轻度、中度及严重（包括严重及极严重）智力残疾分类法，并据此为儿童提供特殊训练及服务。

1.4.2　语言发展迟缓

在上文简介的发展迟缓类型中，如果出现两项以上功能落后的发展迟缓情形，便会被称为"整体发展迟缓"（Global Developmental Delay，GDD）。若只有单项的功能落后，一般会说明是哪一方面的发展迟缓，例如语言发展方面的迟缓，会被称为"语言发展迟缓"（Language Delay）。卫生署儿童体能智力测验中心的数据显示，语言发展迟缓是在个案转介中排首位的原因，功能发展迟缓则是排在第二位的原因（Tang, Chen, Lau & Wu, 2008）。

儿童发展障碍的成因

虽然每个儿童语言发展的速度会略有不同，但仍有一些重要的界定参考标准，用于定义儿童是否有语言发展迟缓问题。这些标准包括：

1. 语言及沟通发展迟缓

（1）一岁半时能讲出的有意义的字少于10个。

（2）两岁时仍不会使用"动词＋名词"的短句。例如"饮奶奶""食饼饼""食 mum mum""去街街""妈妈来""妈妈抱"等。

（3）3岁时仍不能说简单句子，如"我食饼""我要 vi vi"。

（4）3岁以后说话模糊不清，令人难以理解等。

2. 其他语言发展迟缓的信号

（1）幼儿会发出一大堆字词，但不像是在有意图地和人沟通。

（2）幼儿听不懂大人说的话（家长也听不懂幼儿在说什么）。

当儿童在既定年龄仍不能达致语言发展阶段中提及的应有表现时，便可被界定为语言发展迟缓。

导致语言发展迟缓的原因相当复杂，主要可归纳为以下几项：

（1）神经或大脑损伤。

（2）听觉因素的影响。

（3）口部肌肉能力缺损。

（4）与生俱来的语言能力缺损。

（5）智能不足。

（6）其他影响因素，包括没有模仿说话的对象、对儿童混杂了多种语言、因被过分照顾而减少学习沟通的机会等。

语言发展迟缓婴幼儿一般表现出以下特征：

（1）发音不清晰，让人难以理解。

（2）词汇贫乏、词不达意。

（3）不能理解日常指令。

（4）难于理解抽象的词语或复杂的语句结构。

（5）说话内容与情境不相符、措辞不当。

（6）句子结构过于简单，或出现词语混淆、省略和颠倒的现象。

教师及家长在支持语言发展迟缓儿童时，可参考以下建议：

（1）建立听觉学习——鼓励幼儿注意声音刺激。

（2）发展语言理解能力——由于语言理解能力的发展早于语言表达能力，因而我们应该善用每一时机多跟幼儿说话，并以自然的姿势与幼儿面对面互动，而非强迫幼儿站在你面前听你说话。

（3）鼓励发声——当幼儿有能力模仿发声时，可在尝试鼓励他适当地模仿出声后，才满足他的要求。

（4）给予鼓励——只要幼儿愿意尝试模仿发声，不管对错，我们都要鼓励，即使只是口头赞美，也可能是让其愿意继续学习的动力。

（5）模仿动作与发音——支持语言发展迟缓儿童发展语言能力最有效的方法是"玩"声音，例如玩火车游戏，一边摆动双手，一边发出鸣响或是模仿动物叫声。记着要用"玩"的方式来吸引幼儿模仿学习。

（6）口腔动作——这是针对那些在生理上有障碍的幼儿，对其呼吸（如练习吹气）、唇（如闭唇亲亲）、舌（上下左右内外动）、下颚（大口咀嚼饼干）等开展动作练习，以增强其说话所需的口腔功能的方法。

此外，在学习语言时，应由浅入深。当儿童能说出相近声音或字词时，便应加以鼓励。若儿童错误发音或用字，亦不应重复描述其错处，只需说出正确的字词即可。同时可多用引导性问题帮助儿童思考及组织说话的内容，加强他们的表达能力，例如以时间、人物、地点、起因、想怎样、怎样做、结果和感想来说故事。提醒儿童注意说话的速度及停顿，多与他们谈论有趣的话题，以提升其沟通动机。

1.4.3 弱听

弱听（Hearing Impairment）可以由先天或后天的畸形引致，也可能因外耳、中耳、内耳及听觉神经的损伤而造成。有时儿童因感冒引起的中耳炎，如果不及时医治或多次感染，也有可能导致听力受损。遗传、早产及出生时缺氧等，均可导致听觉障碍状况的出现。

如果弱听出现在语言能力发展之前，将会对儿童语言能力的发展产生深远的影响，并将直接影响其与人的沟通。

弱听儿童往往需要配戴助听器，并依靠专业的言语治疗，提供唇语、手语、口语及听觉训练，以提高沟通能力。此外，在日常教学中，教师亦可以多利用视觉的提示，辅助抽象的口语解说，以提升弱听儿童的认知水平。

少数极度严重弱听的儿童，当他们听觉受损程度严重至佩戴任何助听器都没有帮助时，亦可考虑接受人工耳蜗手术以改善听力。进行人工耳蜗手术的适宜年龄介乎2岁半至15岁之间。接受手术后，必须在语言训练中心或医院接受3年或以上的听觉及语言训练。否则，即使植入人工耳蜗，效果也不会显著。

1.4.4 视力损伤

视力损伤（Visual Impairment）的成因，一般是先天或后天病变令角膜、视网膜出现毛病或视神经萎缩，或患有青光眼、白内障，等得疾病使视能受到损伤或视能完全丧失。

视力损伤会影响儿童的肢体协调能力、走动能力、控制环境的能力、社交能力等。下面列举的是视力损伤学童在日常生活和学习方面所可能面对的一般困难：

（1）注视事物时，只能见到模糊或扭曲的影像；对光线敏感；能见范围狭窄。

（2）较难适应空间的定向，在不熟悉的环境中，独自行走会因较易碰撞到物体或其他人而产生危险。

（3）难以掌握环境变化和综合其他感官（例如听觉、触觉、嗅觉等）来了解四周事物的变化。

（4）无法清楚阅读用文字或影像记载的信息。

（5）在社交方面，较难与别人于交谈时作目光接触，或以适当的面部表情和身体语言表达情感。

其实，教师只要稍微改变一下教学模式和沟通方法，视力损伤学童也可像其他学童一样有效学习。因此，在针对视力损伤儿童的教学过程中，教师可注意以下原则：

（1）与视力损伤学童接触时，先表明自己的身份。

（2）每次进入或离开视力损伤学童所在地时，应先用语言说明。

（3）多用语言来表达个人的思想、感受并做出指示。

（4）主动询问视力损伤学童是否需要协助及如何提供协助。

（5）理解不同的视力损伤人士所需要的协助可能是有所不同的。

此外，视力损伤学童可能需要特别的辅助教具和仪器，才能克服学习上的障碍。这类辅助教具和仪器主要包括助视器、可调校角度的灯和宽书桌等，它们可以帮助视力损伤学童运用剩余的视力。此外，点字或大字体读本、配有语音输出功能的特殊学习软件、能将印刷字转化为点字的软件和仪器，亦能协助视力损伤学童学习。

通过日常生活方面的训练，还可强化视力损伤儿童的自理能力。在整齐安全的环境中，教师和家长应鼓励视力损伤儿童尽量自己行走、独自探索。物理治疗师亦可为视力损伤儿童提供相关的导向训练，以提升视力损伤儿童的走动能力和信心。

1.4.5 唐氏综合症

唐氏综合症（Down Syndrome）是最常见的由染色体突变而引致的遗传性疾病。正常的人体细胞里一般有46条染色体，排列为23对。而患唐氏综合症的人士，细胞内则有47条染色体。多出来的那条染色体在第21对上。这多出的一条染色体会引致儿童生理及智力的发展迟缓。

现时尚不清楚染色体突变的原因，不过从过往的统计数据可知，母亲年纪越大，出生的孩子患唐氏综合症的几率就越高（表1-2）。

表1-2 患唐氏综合症的几率与母亲年龄的关系

唐氏综合症出现机会与母亲年龄的关系	
母亲年龄	唐氏综合症出现几率
25	1：1350
30	1：910
35	1：380
40	1：110
45	1：30
50	1：6

患有唐氏综合症的幼儿，最常见的外表特征和最常出现的健康问题如表1-3所示。

表1-3 患唐氏综合症幼儿的外表特征及健康问题

外表特征	健康问题
● 扁鼻梁、鼻子及耳朵较细	● 40%～60%的唐氏综合症患者须做心脏手术
● 眼眶外侧向上倾斜，双眼斜视	● 耳朵有毛病，有弱听或失聪情况
● 眼虹膜带有白斑点	● 眼睛问题，如近视、斜视和泪管闭塞
● 手心有一条手纹穿过手掌	● 甲状腺不足，影响情绪
● 四肢关节有过度伸长能力	● 肌肉张力差，有影响活动机能的表现
● 尾指只有一个关节	● 睡眠窒息症
● 眼角内有多余的皮肤皱褶	● 容易出现痴肥问题

患唐氏综合症的婴儿生长比较迟缓，在整个发育过程的标志性表征上，如翻身、爬行、坐、站，都要花费比一般婴儿多1倍的时间。患唐氏综合症的婴儿在两岁之前须特别细心地照顾，因他们容易出现消化道、呼吸道感染或患有先天性心脏病等。由于患有唐氏综合症婴儿的发展比较迟缓，尤其是在语言、肌肉运动、社交自理能力方面，所以愈早给予他们适切的教导和训练，对他们的成长愈有帮助。大部分患有唐氏综合症的婴儿会存在轻度及中度的智力缺损，需要通过训练才能学会照

顾自己、与人沟通、外出工作，过上与普通人一样的生活。智力和语言表达的困难，亦会影响他们在社交方面的发展并进而造成障碍。因而教师和家长，要多给予他们与人接触和交往的机会，以便让其在日常环境中学习与人相处的技巧。患有唐氏综合症的儿童不仅可以通过不断的学习，发掘他们生理及智慧潜质，而且他们率直乐天的性格，也有助于他们面对和解决社交难题。

1.4.6 脑麻痹

脑麻痹（Cerebral Palsy）是肢体弱能中最普遍的一种，指的是大脑的中枢神经系统在发育成熟之前因受到损伤或发生病变而导致的运动机能障碍。脑麻痹的发生通常在出生之前或出生不久，当大脑还在发育中时，控制运动方面的细胞便受到了损伤。以下情况都可能导致婴幼儿出现脑麻痹症。

（1）在婴儿出生前，因脑部受到创伤而引起，比如孕妇在怀孕早期受到过某些感染，如德国麻疹等。

（2）在婴儿生产过程中，可能会因为早产、难产造成脑部伤害，或在生产过程中或产后出现缺氧，使脑部得不到充分的氧气供应而造成损伤。

（3）在婴儿出生后，可能因脑部感染，如脑炎、脑膜炎等而导致损伤。

脑麻痹婴幼儿的肌肉通常不是完全瘫痪的，亦不是所有的身体部位都会受到影响的，其可依照肌肉张力和受影响的身体部位来进行分类（见表1-4）。

表1-4 脑麻痹的分类

肌肉张力	受影响的身体部位
• 痉挛型：肌肉张力过高而引致姿势或动作异常 • 徐动型：肌肉张力不断改变而引致身上的肌肉有不自主的颤动或缓慢的扭动 • 震颤型：因肌肉张力问题导致身体有颤抖的情况，缺乏平衡及协调身体的能力 • 混合型：出现不止一种上述症状	• 半身麻痹：即半边身体、上肢或下肢受到影响 • 双边麻痹：四肢都受到影响，不过一般来说下肢受到的影响较为明显 • 四肢麻痹，全身都受到影响，连脸部也受到影响，一般来说上半身受到的影响较大

此外，脑麻痹的损害可能会影响动作以外的其他脑部区域，使脑麻痹儿童可能同时有视觉、听觉、语言或学习上的障碍，即导致多重障碍。以下是与脑麻痹相关的其他症状。

（1）智力残疾：约有75%的脑麻痹婴幼儿会有智能不足的症状。

儿童发展障碍的成因

（2）语言障碍：有70%～75%的脑麻痹婴幼儿会有语言障碍，主要原因是脑损伤使得其对口部肌肉的控制产生问题。

（3）癫痫：约有40%的脑麻痹婴幼儿会有癫痫症状，若不能将癫痫控制好，癫痫会对脑部造成再次伤害，影响以后的学习。建议遵照医生指示服用抗癫痫药物，以控制癫痫。

（4）视力缺损：约有25%的脑麻痹婴幼儿会有斜视症状，不过随着年龄的增长，斜视问题能得到改善。当脑麻痹婴幼儿出现斜视症状时，需要通过眼科医生的治疗加以矫正，以免造成另一只眼睛弱视。

（5）听力障碍：约有20%的脑麻痹婴幼儿会有听觉障碍，而听觉障碍会影响脑麻痹婴幼儿的语言学习。

由于脑麻痹婴幼儿有多项弱能和障碍，故此家长和教师须与医生、物理治疗师、职业辅导师和言语治疗师保持紧密的合作，共同为脑麻痹婴幼儿漫长的康复之路而努力，在建立互信关系的基础上，为其提供适切的治疗和训练。

1.4.7 自闭症光谱障碍

自闭症光谱障碍（Autism Speetrum Disorder）是因脑

部发展异常而造成的一种发展障碍，其两大缺损主要为：

（1）社交沟通和互动。

（2）限制、重复性或刻板的行为、兴趣或活动。

2013年，美国精神医学会（American Psychiatric Association，简称APA）所出版的《精神疾病诊断及统计手册》（第五版）（DSM—5），将原来包含自闭症（Autism）和亚士保加症（Asperger's Syndrome）的广泛性发展障碍（Pervasive Developmental Disorder）定义为现在的

表1-5 自闭症光谱障碍的诊断准则

1. 在任何情境下，社交沟通及社会互动上的缺损，不考虑一般性的发展迟缓： ● 在社交—情绪的互动（Reciprocity）功能上有缺损 ● 在社会互动上，非语言沟通行为的缺损 ● 发展及维持人际关系的缺损
2. 局限、重复的行为、兴趣及活动： ● 固执或重复性的言语、动作及使用物品 ● 过度坚持常规，仪式化地使用语言或非语言的行为，极度抗拒改变 ● 非常局限及固定的兴趣，对于兴趣极度地专注 ● 对于感觉刺激的输入反应过度或反应不足，对环境中的感觉刺激有异常
3. 症状必须在童年早期出现（但症状可能不会完全显现，直到环境或情境中的社交要求超出其有限的能力）
4. 症状造成日常生活功能的缺损

自闭症光谱障碍（Autism Spectrum Disorder），其诊断准则也被更新（表1-5）。

DSM—5以光谱的概念来反映原先以不同症状和轻重程度来反映的自闭症类别，即轻重程度为从光谱最左边、症状较严重的一端，至光谱最右边、症状较轻微的一端。一般而言，典型的自闭症（在3岁前发现，大部分有认知和语言迟缓）存在于光谱的较左一端，而高功能的自闭症或亚士保加症（智能和语言发展正常）则多存在光谱的较右一端。他们常见的问题可分述如下。

1. 典型自闭症（3岁前发现）的常见问题

（1）社交困难，难以察觉别人的存在、需要及感受；缺乏主动与别人分享或交往的动机及能力；难与朋辈建立社交关系。

（2）沟通困难，缺乏使用身体语言、语言理解及表达的能力，或会经常重复地说话。

（3）兴趣较偏狭，拒绝接受改变；出现刻板或固执的行为。

（4）难以掌握事物的重点及关系，较难将以往的经验应用于不同的情形中。

（5）专注力弱，自我控制能力不足、容易发脾气、常有自我刺激或伤害的行为。

（6）自理及社区适应能力较弱。

2. 高功能自闭症的常见问题

（1）社交困难，人际关系敏感度不足，主观及较难理解别人的立场与感受，交谈时只集中讲自己有兴趣的话题，不理别人的反应，不太守规矩。

（2）行为固执，害怕改变，较难接受新尝试。

（3）喜好特别，为求满足自己的兴趣不计后果。

（4）沟通困难，不能有效地表达自己，容易被人误会。

（5）四肢动作协调困难。

（6）注意力不集中。

（7）思考欠灵活。

自闭症光谱障碍的成因至今仍未能完全确定，但据近年临床的研究，基本上可确认其是由生理因素导致的，该病症的发生与遗传基因有莫大的关系。尽管目前暂时未有根治的方法，然而，通过"实证为本"（Evidence-Based）的针对性训练，如颠覆性自闭症综合干预模式（SCERTS Model）、结构化教学法（TEACCH）、DIR 地板时间、RDI 人际关系发展介入法、心智解读训练、社交故事、应用行为分析（ABA）等，可帮助有自闭症光谱障碍的儿童克服自闭症带来的障碍及困难，使其适应生活及学习的要求。

儿童发展障碍的成因

1.4.8 学习障碍

在1975年美国公布的《全体残疾儿童教育法案》(The Education for All Handicapped Children Act) 中，将学习障碍 (Learning Disabilities) 界定为一种或一种以上的基本心理历程异常，如理解、使用语言、文字及说话等方面的缺陷。这些异常可能表现为听说读写拼字或算术等方面能力的障碍。因此，学习障碍包括知觉障碍、脑伤、脑功能失常所导致的阅读能力困难及语文能力困难，但不包括因视力损伤、听力损伤、肢体残疾、智能迟滞、文化不利及环境而造成的学习障碍。

一般说来，学习障碍的孩子智力正常，但因为脑神经中某种学习功能的异常，使他们在听说读写或运算上出现困难，导致他们在学校的学科学习方面产生问题。

值得注意的是，在香港，教育界或教育局一般比较倾向于采用"特殊学习困难"(Specific Learning Difficulty) 一词，以便更清楚地阐明上述学习障碍的概念。而香港的家长组成的自助组织则比较惯用"特殊学习障碍"(Specific Learning Disability) 一词。

"特殊学习困难"包含不同的类别，如读写困难

（Developmental Dyslexia）、数学运算障碍（Dyscalculia or Mathematics Sisorder）、动作协调障碍（Sevelopmental Co-ordination Disorder）、特殊语言困难（Specific Language Impairment）等，其中以读写困难最为常见，占在学学童人口约一成（10%）。读写困难并非由智力不足、感官障碍或缺乏学习机会所引致。有读写困难的学童在学习读写方面有持续而严重的困难，不能准确而流畅地阅读和默写字词以及理解和书写文章。

过去，由于对"特殊学习困难"的认识不足，家长和老师很容易将学习障碍的孩子所呈现的学习困难归咎于懒惰、不用心、不听话，特别是对那些在外观上与一般孩子无异者。

近数十年，域外和香港的学者就学习障碍课题进行了广泛的研究和公众教育，逐渐让大众明白了学习障碍属于发展障碍（Developmental Disability）的一种，有其特殊学习需要（Special Educational Needs），是终生伴随（Life-Long）的障碍。让人感到欣慰的是，越来越多的研究结果显示，若能尽早识别有读写困难的学童，为他们提供实证为本（evidence-based）的有效教学和适当的调适，并且善用信息科技，他们的读写问题一般可获改善。如果再加上老师、家长的鼓励和支持，学习困难孩子也是可以发挥其蕴藏在障碍下的潜力的。

（注：《2005—2007 年香港康复计划方案》检讨工作小组将特殊学习障碍也列入了需要康复服务的残疾类别，使其被纳入了政府资助的范畴）

1.4.9 专注力失调/过度活跃症

专注力失调/过度活跃症（ADHD）是一种普遍的儿童发展性障碍。有 ADHD 的孩子专注力较弱、动作较多，往往予人冲动、爱发脾气的印象。加上他们自制能力较弱，难以根据环境要求调控自己的行为，故而会最终影响他们的学习、生活及社交表现。

美国《精神疾病诊断与统计手册》（第五版）（DSM—5）对 ADHD 的诊断标准如表 1-6 所示。

表 1-6 DSM—5 对 ADHD 的诊断标准

1. (1) 或 (2) 中任何一项
（1）不专注：16 岁以下儿童出现下列不专注的症状至少 6 项，或 17 岁或以上成人出现下列不专注的症状至少 5 项，且持续 6 个月以上，此问题造成个体的不适应，且和他（她）的发展成熟度不一致。

续上表

- 经常无法注意细节，或经常在学校功课上、工作中、活动时因粗心而犯错
- 经常无法使注意力持续集中在功课、做事或游戏上太久
- 经常表现出好像不注意听别人对他说话的样子
- 经常无法遵循指示和完成学校功课或其他指定的任务，但并不是因故意反抗或听不懂指示而无法完成
- 经常无法把事情或活动做得有条理
- 对于需要持续花心力的活动，经常表现出逃避或强烈的不喜欢
- 经常丢掉（或忘掉）一些重要的东西（如作业、铅笔、书本、文具或活动所需要的玩具）
- 经常容易为外界的刺激所干扰而分心
- 经常忘记日常生活所需的事物

（2）过度活跃及冲动——16岁以下儿童出现下列不专注的症状至少6项，或17岁或以上成人出现下列不专注的症状至少5项，且持续6个月以上，此问题造成个体的不适应，且和他（她）的发展成熟度不一致。

- 经常手或脚动个不停，或在椅子上坐不住
- 在教室或其他被要求坐在椅子上的时候，仍会离开座椅
- 经常在不允许到处乱跑或乱爬时，仍会乱跑乱爬（对青少年或成人而言，可能的表现是个人的主观感觉，自己静不下来）

续上表

● 经常无法安静地参与一项游戏或休闲活动
● 经常说话很多
● 经常表现出像被一部机器驱动着一样无法静下来
● 经常在问题还未被说完时就让答案冲口而出
● 经常无法排队等待，或在一项活动、游戏中给他人留下轮流等候自己的机会
● 经常干扰或打断别人的谈话或活动
2. 在12岁以前开始出现症状
3. 症状必须出现在两个或两个以上的情境（在家中、学校、工作；和朋友或亲戚；或在其他活动）中
4. 症状会在临床上造成明显的功能损伤，这些功能可能妨害个人在社会、学业或职业上的角色
5. 排除精神分裂或其他精神疾病、情感性疾患、焦虑疾患、分离性疾患及人格异常
6. 额外标明
（1）出现不专注的症状：过去6个月，符合1（1）的标准但不符合1（2）的标准
（2）出现过度活跃及冲动的症状：过去6个月，符合2（2）的标准但不符合1（1）的标准
（3）出现综合症状：过去6个月，符合1（1）和1（2）的标准

续上表

依严重程度分轻度、中度、重度，严重程度诊断准则
（1）轻度：除了构成诊断所需的症状外，少有其他症状，且仅造成学业或社会功能的轻度损害甚至无损害
（2）中度：症状和功能损害介于轻度和重度之间
（3）重度：除了构成诊断所需的症状外，尚有许多其他症状，且造成在家庭、学校、同侪人际方面功能普遍严重的损害

资料来源：American Psychiatrist Association. Diagnostic and Statisticon Manual of Mental Disorders（DSM—5）. 2013：59 – 61.

值得注意的是，DSM 的这次改版没有大幅度更改 AD/HD 的定义和诊断标准，只是针对以下几方面做出了一些修订：

（1）在个别有关诊断症状中，加入了更多实例描述。

（2）在症状须出现于多个环境的准则上（Cross-situational Requirement），强调在个别环境中，也须有多项症状出现。

（3）症状出现之年龄从 7 岁前改为 12 岁前。

（4）不再以"类别分类"，改为标明出现的症状（Specify Presentation）；其中针对过度活跃及冲动的行为不再细分为哪些属于过度活跃行为，哪些属于冲动行为。

（5）不排除与自闭症的共病情况。

（6）新修订的版本对诊断症状的年龄有不同的要求，即17岁或17岁以上之成年人士只需符合5项或5项以上之不专注症状，或过度活跃及冲动行为，就符合诊断标准；而16岁或16岁以下人士则维持DSM-4和DSM-4-TR之要求，即须符合6项或6项以上之不专注症状，或过度活跃及冲动行为，才符合诊断标准。

（7）DSM—5将ADHD纳入脑功能发展性障碍（Neurodevelopmental Disorders）的类别，而非DSM-4和DSM-4-TR之通常初诊于婴儿期、儿童期或青春期的疾病类别。

同样地，我们可以将ADHD的成因归纳为由先天的因素以及后天的环境因素所致，包括：

1. 遗传及生产过程

遗传因素是患ADHD疾病的主要原因之一。有研究显示，如果家长任何一方有这类症状，那么他们孩子的发病率会比其他孩子高出2~8倍。当家长发觉孩子经常出现一些野蛮、乱发脾气或无耐性的行为，而同时也发觉自己经常会不自觉地发脾气、无耐性、健忘或无法集中精神工作时，则很有可能家长本身也有同类的问题。此外亦有研究显示，其他与怀孕及生育过程有关的因素，例如母亲分娩时因难产而令孩子曾经缺氧、出生时体重不足、脑部受损、母亲怀孕或怀孕前曾有吸烟习惯、怀孕时营养不良等，也会令孩子有较多机会患上ADHD。

2. 脑神经传导物质不平均

专家认为患ADHD的孩子，之所以专注力失调，是因为他们脑里的一些激素，如多巴安（Dopamine）及肾上腺素（Norepincphrine）出现失调，而影响了他们的专注能力。这两种激素是脑内神经信号的传递者，它们首先把接收到的信息分类，例如分辨出其是重要的还是不重要的，然后传递这些信号，从而做出正确的反应。

3. 执行功能困难

研究指出，ADHD表征与执行功能有莫大的关系（Barkley，2006）。Barkley就此所提出的"执行功能的混合模式"（Hybrid Model of Executive Function），解释了患ADHD的儿童因行为抑制不佳以及动作系统控制能力方面较差，会使得他们在自我调节（Self-Regulation）方面出现问题，因而表现出低行为顺从性、难以抗拒诱惑，也较难延迟享乐，特别是在那些可以立即获得酬赏的环境里，更会引发冲动反应（Barkley，1997）。

4. 其他家庭因素

虽然ADHD的形成并非由家长管教不足引起，但家

儿童发展障碍的成因

人的管教方法以及大人对孩子的态度均会对 ADHD 孩子造成一定的影响,例如家中缺乏适当并一致的管教标准、家长和照顾者的心理状态以及整体家庭压力。只有当家长对 ADHD 的成因及影响有更深入的认识时,才能去接纳和帮助 ADHD 孩子。

第二章 服务需要评估

2.1 简介

在香港，家长如怀疑孩子在发展上有障碍或在参阅儿童成长历程后担心孩子较同龄儿童的发展缓慢时，可向政府辖下的卫生署及医院管理局求助，亦可向私人执业的合资格的儿童专科医生或心理学家请求为儿童做一全面评估。

现时香港政府为学前儿童提供评估的主要部门有：

（1）卫生署母婴健康院——综合儿童体能智力观察计划。

（2）卫生署及医院管理局辖下的儿童体能智力测验中心。

如果经评估后确定该儿童需要接受学前康复服务，除了社区支援服务可由申请人直接向有关服务单位提出申请外，所有日间及住宿服务的申请均须由社工转介康复服务中央转介系统进行登记。

康复服务中央转介系统由香港社会福利署管理，康复服务中央转介系统管理各类残疾人士日间及住宿服务的轮候册，以确保在转介程序及服务入住准则上有一致标准，从而为有特殊需要的儿童提供转介服务，并确保获转介和编配服务之儿童获得最适合的服务。服务对象是初生至6岁的有特殊需要的儿童。

经评估后，医生会依据儿童需要将其转介至社会福利署属下的服务单位，包括：

（1）早期教育及训练中心（初生至6岁儿童）。

（2）特殊幼儿中心（日间/住宿，适合2岁至6岁的儿童）。

（3）从幼儿园暨幼儿中心兼收弱能儿童（适合2岁至6岁的儿童）。

家长是不可以自行向社会福利署属下的服务单位为子女报名申请服务的，所有接受服务的儿童必须经康复服务中央转介系统转介。家长可经由各医务社会服务部、综合家庭服务中心、特殊学校或康复服务机构的社会工作者转介，有关申请不会收取任何费用。

家长在申请学前康复服务中央转介时，需选择须入读的中心，家长可以"区域"或"地区""中心"作为其年幼子女申请轮候服务/学位类型的着眼点，这三个选择是不分先后顺序的。以区域或地区为选择的着眼点，家长的选择会更多一些，因在每一区域或地区任何一间中心有服务空缺时，均可编配给幼儿，故幼儿的申请轮候时间会相对较短。而以中心为选择的着眼点，虽然指定中心可满足家长的个别需要，例如方便安排接送幼儿上学，但若该中心没有空缺及已有多名幼儿轮候，幼儿的申请时间可能会较长。因此，家长在会见社工后，必须了解幼儿所申请的中心的位置、自己的居住地点、交通安排及其路线是否可相互配合。特殊幼儿中心的校车服务未必可完全配合家长的居住地点，又或当中心未能提供校车服务给幼儿时，家长须自行考虑其他接送安排。在幼儿获编配中心后，如家长不接受有关编配，社工会对该申请做自动撤销处理。若日后再申请，则需重新轮候，故在拒绝服务前，必须与社工详细商讨。

下面将对卫生署母婴健康院的"综合儿童体能智力观察计划"和卫生署及医院管理局辖下的儿童体能智力测验中心做些介绍。

2.2 卫生署母婴健康院的"综合儿童体能智力观察计划"

卫生署家庭健康服务在香港 31 间母婴健康院为初生至 5 岁的幼儿提供了一套"幼儿健康及发展综合计

划"(表2-1),以促进儿童的全面健康,内容涉及生理、认知、情绪和社交方面。综合计划的核心项目有亲职教育、免疫接种和健康及发展监察。其中的"儿童发展监察计划"是由专业的医护人员定期跟进儿童的成长及发展,以便尽早发现有问题的儿童并进行转介。医护人员会为新生婴儿进行身体检查,定期监察儿童的生长指标,并于特定年龄为儿童进行正规的听力及视力普查测试。健康院亦会与家长协作,对儿童进行发展监察,包括提高家长对儿童发展情况的关注度,共同观察儿童的表现,并为家长提供适切的指导。母婴健康院会于孩子发展的6个关键时期,即2个月、4个月、6个月、12个月、18个月及4岁时与家长进行面谈并观察孩子各方面的发展表现,包括大小肌肉活动、语言沟通、社交与游戏技巧、自我照顾及视觉与听觉等。若有需要,会为孩子做更全面的初步发展评估,若怀疑儿童在健康或发展方面有异常情况,母婴健康院会按情况将个案转介至"儿童体能智力测验服务"或其他专科以进一步跟进。

表2-1 幼儿健康及发展综合计划一览表

幼儿接受服务年龄												
	产前	初生	1个月	2个月	4个月	6个月	9个月	1岁	岁半	2岁	3岁	4岁	5岁
			💉	💉	💉			💉	💉				
				🦶		🦶	🦶		🦶	🦶		🦶	
			(★)	(★)	★	★	★	★	★	(★)	(★)	(★)	(★)
	🍼	🍼	🍼	🍼	🍼	🍼	🍼	🍼	🍼	🍼	🍼	🍼	🍼

- 💉 免疫接种
- 🦶 首次健康评估
- 🍼 生长监察及饮食评估
- ★ 发展监察
- 👂 听力普查（耳声发射）
- 👁 学前视力普查
- 🍼 亲职教育
- ( ) 如有需要

2.3 卫生署及医院管理局辖下的儿童体能智力测验中心

卫生署儿童体能智力测验服务及医院管理局的儿童体智测研中心为儿童进行评估及提供相关服务，下面详述其服务内容。

1. 服务对象

12岁以下有发展障碍或行为问题的儿童，特别是那些有复杂问题，需要各科专家协助评估的儿童。

常见的儿童发展问题包括：

（1）发展迟缓。

（2）动作协调障碍。

（3）视力损伤。

（4）脑麻痹。

（5）自闭症。

（6）读写障碍。

（7）专注力失调／过度活跃症。

（8）弱听。

（9）智力障碍。

（10）语言发展迟缓。

儿童体能智力测验服务亦会为发展上有其他问题的儿童提供包括行为情绪问题、数学障碍及由后天性脑损伤引致的问题的评估。

2. 服务介绍

儿童体能智力测验服务是由多个专业人员组成的评估组，合力为发展有问题的儿童提供有需要的评估及专业诊断。

3. 评估组成员

（1）儿科医生——中心内的儿科医生，均具有儿童体智发展学的专业知识及经验，他们可通过问诊、身体检查等方式，判断导致发展偏差及异常之原因，并综合各科组员之评估结果，制订康复计划及治疗方向，安排适当的转介服务及跟进。

（2）公共健康护士——公共健康护士参与评估儿童的整体发展，向发展迟缓或弱能儿童的家长推行各种促进健康的活动，如小组讲座、个别辅导及亲子训练，让家长更了解并积极面对儿童发展问题，以使其发挥最大的潜能。

（3）职业治疗师——职业治疗师主要为一些在感觉统合、小肌肉发展、视觉感知及抄写能力方面有问题的儿童进行详细评估，提供辅导或暂时性治疗，以协助儿童在自我照顾、学习及游戏方面的发展。如有需要会将其转介至其他专业治疗部门接受服务。

（4）物理治疗师——物理治疗师会评估儿童在体能方面的发展、姿势与骨骼的成长，检查儿童在大肌肉功能和协调方面是否与同龄相符，并依据个别情况及需要，制订康复计划，提供辅导、转介或短期支持，以使儿童发挥个人的最大潜能。

（5）视光师——视光师为儿童评估视觉功能，包括视力、色觉、立体视觉、双眼视觉功能、视野及眼球移动功能等。在有需要时会转介儿童到眼科诊所进行进一步的检查和治疗，同时亦会为儿童做所需的视觉复诊评估。

（6）言语治疗师——言语治疗师提供详细评估，测试儿童的沟通能力、语言理解和表达能力、发音、声线和说话流畅度，以帮助家长处理有关问题，如有需要，会跟进或转介。

（7）听力专家——听力专家为儿童评估听力，转介有需要者往耳鼻喉专科及教育署特殊教育组做进一步检查及跟进。教导家长与弱听儿童沟通、听觉保护及增进语言发展的方法。同时亦会介绍助听器、听觉辅导仪器之使用方法及与弱听人士有关的支持服务。

（8）医务社工——医务社工与不同专业人士共同为儿童订定康复计划、转介及申请社会服务，亦为儿童及其家人提供辅导与支持。除了个案评估工作外，还安排小组活动并举办不同类型的工作坊、讲座、分享会和康复服务参观。

（9）临床心理学家——临床心理学家会为儿童提供智能、行为情绪及社交发展方面的评估，并为有行为或情绪问题的儿童提供心理治疗，或通过面谈、讲座及小组，辅导家长接纳并处理儿童的问题。

4．评估服务流程

（1）公共健康科护士会评估及了解儿童的成长、行为及学习状况。

（2）举行评估前的个案分析会议。

（3）专业评估——根据临床指引为儿童做专业评估，共同订定康复计划并提供跟进服务。

（4）转介及跟进——根据个别情况，评估组会为儿童安排合适的跟进，例如学校及训练转介、专科转介、短期训练、复诊等。

5. 家长支持服务

（1）家长资源中心——所有儿童体能智力测验中心均设有家长资源中心，提供各种有关儿童发展问题的资源和资料。辅导教材主要根据各种发展障碍和状况加以分类，以方便家长搜寻。

（2）亲职讲座及工作坊——目的是提高家长对儿童发展问题的认识，并提供适当的方法，促进儿童成长。提供一系列课程，例如儿童发展家长训练课程和亲子政策课程，内容包括语言发展、管教、情绪行为、专注力的培养、亲子沟通、提升孩子学习兴趣等。各儿童体能智力测验中心都会定期举办这类活动，专业团队会按儿童的发展需要安排家长学习有关课程。

（3）家长训练课程——提供直接、实用和有效的培训，让家长能够学以致用，通过积极参与，协助子女克服困难。

在儿童确诊后，家长将会被邀请参加有关的"家长讲座""家长工作坊"或"治疗小组"，让家长对相关的发展障碍有更深的认识，同时也能掌握更有效地帮助孩子的方法。通过经验分享，交换心得，家长能互相鼓励和扶持，各类发展障碍支援小组也会定期于特定的测验中心举办。

（4）自助小组——鼓励家长参与自助小组，并为有特殊需要的儿童争取权益。向家长组织提供支援和专业意见，与其他组织合作发展伙伴关系，以推广康复服务。

6. 公众教育

开展公众教育的目的是：

（1）促进社会对有特殊需要的儿童的认识。

（2）向公众推广我们的抱负、使命和服务。

工作内容包括投稿到报章和杂志，参与有关儿童发展及发展障碍的传媒节目，制作有关儿童发展障碍的刊物，目的是提高公众对有特殊需要儿童的认识。

7. 专业教育

开展专业教育的目的是：

（1）参与专业教育训练及提高业界的专业水平。

（2）在学校、高等院校和大学讲学。

（3）向相关的康复机构推广儿童体能智力测验服务和参加专业会议；提供临床指导；发表与儿童发展障碍问题相关的资讯，以提高专业社工对这一问题的认识。

8. 倡导

儿童体能智力测验服务推广的内容涵盖：

（1）举办公众教育活动，以加强公众对儿童发展情况的了解，厘清错误观念和误解。促进家长参与自助小组，分享有关有特殊需要儿童的家庭面对困扰和困难的经验。

（2）以最佳的科学实证方法为基础，有系统地更新临床工作规程，将研究与临床工作结合起来。协调政府与非政府机构参与者整合计划，务求达致最大的成本效益。

（3）借助个人案例分享，或与提供相关服务的机构合作，为有特殊发展需要的儿童争取权益。

儿童体能智力测验服务由多个专业的人员组成的团队提供，其在儿科康复方面拥有丰富的临床专业知识，致力于帮助儿童克服发展上的困难，保障及增进有特殊需要的儿童的生活质量和福祉。其目标是通过提供全面而适时的支援服务，让有特殊需要的儿童得以获得多方面发展，从而让其享有无障碍生活并尽展所能。

9. 转介及登记

儿童必须通过注册西医或心理学家的转介，才可以接受中心的评估服务。家长可前往居住地所属地区的测验中心登记并预约，亦可通过电话预约。

过往 3 年每年的新症平均数目为 6 000 多宗。在新症排期时间方面，卫生署儿童体能智力测验服务中心承诺会在 3 个星期内为新症提供首次诊治，并在 6 个月内完成新症评估。

医院管理局的儿童体智测研中心负责为儿童进行评估。该中心每年处理约 3 600 人次的新症评估。此外，该中心经过采取根据个案情况实施分流的措施确保了新症等候时间最短少于两个星期，而平均则为 6 个月。

现时，市民毋须转介，便可使用母婴健康院及"学生健康计划"的评估服务，而经检查发现有健康问题的幼儿、学童，将会被转介至儿童体能智力测验服务或专科诊所做详细的评估及跟进。为促进社会对有特殊需要的儿童的认识，卫生署儿童体能智力测验服务中心会举办不同形式的公众教育活动，包括在报刊发表文章；参与相关的传媒节目；为家长、学前教育机构及相关的社区、康复机构等举办讲座；制作并派发有关儿童发展障碍的刊物等。

卫生署的儿童体能智力测验中心（以下简称"中心"）为有特殊教育需要的儿童，包括有注意力不足／过度活跃症、有特殊学习困难（例如读写障碍）的儿童提供全面的综合评估并安排所需的康复服务。"中心"亦会提供各种辅导教材及举办一系列亲职讲座、工作坊及家长训练课程，以支持有需要儿童的家长。在个案确诊后，"中心"还会根据儿童的个别需要及其家庭状况，为他们安排及协调所需的康复服务。患有注意力不足／过度活跃症的儿童经"中心"初步评估后，会被转介至医院管理局儿科或儿童及青少年精神科专科门诊做进一步的诊断及治疗，而患有特殊学习困难的儿童则会被转介接受适合的支持服务。

医院管理局设有由多个专科的医护人员组成的跨专业团队，为有需要的儿童提供早期识别、评估及诊治服务。医院管理局专业团队由不同专业的医护人员组成，其中主要包括儿童精神科医生、儿科医生、临床心理学家、护士、言语治疗师和职业治疗师。专业团队为确诊患有自闭症或注意力不足／过度活跃症的儿童提供一系列的治疗服务和训练，以提升他们的语言沟通、社交、情绪管理、解决问题、学习、语言等多方面的能力。专业团队亦会为患病儿童的家长和照顾者提供有关病症的知识，以让他们更深入地了解患者的症状和治疗需要。此外，医院管理局的医疗团队还会与相关机构，例如学校或早期训练中心保持紧密联系，依据儿童发展的需要为其提供适当的转介及支持。

第三章

儿童康复服务的类别

社会福利署（以下简称"社署"）为初生至 6 岁并有特殊教育需要的儿童，包括有注意力不足／过度活跃症及有特殊学习困难（例如读写障碍）的儿童，提供有助身心发展和提升社交能力的早期介入学前康复服务，目的是提高他们入读普通学校和参与日常活动的机会，并协助家庭应付其特别的需要。

政府一直稳健地增加学前康复服务的名额。此外，"社署"还通过残疾人士地区支持中心，为区内的残疾成人及儿童提供"一站式"的支持及训练服务，协助他们融入社区，为他们的照顾者提供训练活动、教育课程、讲座和工作坊等，目的是加强照顾者的照顾能力。而家长／亲属资源中心亦为残疾儿童的家长／照顾者举办社交和康乐活动，以便让他们分享经验并获得互相支持。下面将详述香港学前儿童康复服务的主要形式。

3.1　学前儿童康复服务

3.1.1　早期教育及训练中心

1. 服务简介

早期教育及训练中心（以下简称"中心"），主要为初生至两岁的弱能儿童提供早期介入服务,并特别注重弱能儿童家庭成员的职责问题。年龄介乎 2 岁至 6 岁的弱能儿童,若没有在同一时间内接受其他康复服务,也可接受早期教育及训练中心的服务,以协助他们日后融入主流学校教育。

2. 服务对象

初生至 6 岁的发展障碍儿童。

3. 申请手续

可经由社工或康复服务单位的工作人员转介至社会福利署康复服务中央转介系统。

4. 服务范围

(1) 发展评估及个别训练课程——儿童入学后必须接受评估,而该发展评估的结果会被用以设计个别训练课程以及为家长及儿童订定学习目标,有关评估会每半年举行一次。

(2) 进行个别及小组训练——儿童及家长最少每星期到"中心"一次,参加个别进行的训练课程,并鼓励其在家中及日常生活中实践所学技巧。此外,家长亦可向"中心"借用书籍、杂志及玩具,以便在家中开展训练。

(3) 职业治疗服务——职业治疗师会因应儿童的个别需要为儿童进行评估,并借助治疗活动及环境辅助,建立儿童的感觉机能、感觉统合、手部功能、自理及社交等各方面的发展基础，改善他们在自我照顾、游戏和学习方面的表现。

（4）物理治疗服务——物理治疗师会在为儿童所做的体能发展评估的基础上，因应儿童的个别需要，订定各项适切的体能训练活动和治疗方案，并通过设计辅助治疗用具、进行家访、提供家居训练等，促进儿童的体能发展。

（5）语言治疗服务——言语治疗师会因应儿童的个别需要，订定适当的训练目标，并通过有趣的活动来提升他们的语言、社交及沟通能力。同时还会鼓励家长参与，以提高其诱导儿童沟通的技巧，促进儿童的语言发展。

（6）家长支持及教育——"中心"以个别及/或小组形式，提供指引、辅导及支持，以教导家长/监护人/家庭成员，提高他们对有特殊需要儿童的接纳和理解程度，以促进儿童的整体发展。"中心"职员亦会定期进行家访，并就家长在家中照顾儿童时所面临的问题提供具体的建议。

（7）心理辅导服务——心理学家会定期到访"中心"，就训练课程提供建议，并为家长及社工就儿童情绪/行为问题的有关训练及处理提供咨询服务。

（8）外展服务——"中心"亦会为未能带子女到"中心"接受训练的家庭，提供上门训练服务。

（9）暂托服务——暂托服务是专为因父母需要短暂外出或处理个人事务而无法照顾儿童的家庭，提供的短暂日间托儿服务，以防止儿童独留在家缺乏照顾，并为长期处于压力下的家长提供暂时的舒缓。家长可联络附近的"中心"查询详情。

3.1.2 幼儿园暨幼儿中心兼收计划

1. 服务简介

在普通幼儿园暨幼儿中心内，为轻度弱能儿童提供训练和照顾，以协助他们将来融入主流学校教育及社会。

2. 服务对象

年龄介乎2～6岁之间，有下列任何一项发展障碍的儿童：

（1）轻度弱智。

（2）轻度肢体伤残且没有严重行动问题。

（3）轻度或中度听觉受损。

（4）轻度或中度视觉受损。

3. 申请手续

可经由社工或康复服务单位的工作人员转介至社会福利署康复服务中央转介系统。

4. 服务范围

幼儿园暨幼儿中心兼收计划为服务对象提供多元化的学习活动，其中包括：

（1）创意小组教学活动。

（2）独立探索活动。

（3）生活体验活动。

（4）自我照顾训练。

（5）群处技巧及社会适应训练。

（6）幼儿暂托服务。

（7）兼收服务。

3.1.3 特殊幼儿中心

1. 服务简介

特殊幼儿中心（以下简称"中心"）主要为中度及严重弱能儿童提供特别的训练和照顾，以协助他们发展及成长，让他们为接受小学教育做准备。

2. 服务对象

年龄介乎2～6岁，有下列任何一项发展障碍的儿童：

(1) 中度或严重弱智。

(2) 中度或严重肢体伤残。

(3) 失聪或严重至极度严重听力受损。

(4) 失明或严重至极度严重视力受损。

(5) 自闭症。

3. 申请手续

可经由社工或康复服务单位的工作人员转介至社会福利署康复服务中央转介系统。

4. 服务范围

特殊幼儿中心为儿童提供一系列服务，以帮助他们全面发展。主要包括：

(1) 发展评估及个别训练课程——儿童在入学时会接受发展评估，该评估的结果会用以制定个别的训练课程以及为每位儿童订立学习目标，有关评估会在儿童入学后定期进行。

(2) 进行个别及小组训练——提供个别或小组训练，旨在加强儿童各方面的发展，包括智能、肌能、语言、社交技巧、游戏技巧以及情绪发展等。此外，亦会为儿童设计特别的训练课程，以提高他们的学习能力，帮助他们适应日常生活。

(3) 职业治疗服务——职业治疗师会因应儿童的个

别需要对儿童进行评估，并通过治疗活动及环境辅助，建立儿童的感觉机能、感觉统合、手部功能、自理及社交等各方面的发展基础，改善他们在自我照顾、游戏和学习方面的表现。

（4）物理治疗服务——物理治疗师会为儿童开展体能发展评估，并因应儿童的个别需要，订定各项适切的体能训练活动和治疗方案，且会为其设计辅助治疗用具、进行家访、提供家居训练等，以促进儿童的体能发展。

（5）言语治疗服务——言语治疗师会因应儿童的个别需要，订定适当的训练目标，并通过有趣的活动来提升他们的语言、社交及沟通能力。同时还会鼓励家长参与，以提高其诱导儿童沟通的技巧，促进儿童的语言发展。

（6）日常幼儿护理服务——日常幼儿护理服务会为儿童提供膳食和护理服务，另外义务医疗顾问亦会定期到访"中心"，为家长及儿童提供专业的医疗意见。

（7）家长服务——社工会帮助家长面对养育弱能儿童所带来的困难与挑战，亦会定期举行家长会议、支持小组及讲座，以增进家长对幼儿发展的认识和在家训练子女的知识，提升家长间的自助互助精神。

（8）心理辅导服务——心理学家会定期到访"中

心"，就训练课程提供建议。此外，他们亦会为家长及员工提供专业咨询服务，以协助处理儿童的情绪和行为问题。

（9）暂托服务——专为因父母需要短暂外出或处理个人事务而无法照顾儿童的家庭，提供短暂日间托儿服务，以防止儿童独留在家缺乏照顾，并为长期处于压力下的家长提供暂时的舒缓。

3.1.4 有住宿服务的特殊幼儿中心

1. 服务简介

有住宿服务的特殊幼儿中心会为有特别需要的弱能儿童提供住宿照顾，保障和增进他们的健康及福利，并根据他们身体、社交、情绪和智力方面的需要，照顾他们的成长和发展。这项服务乃是为弱能儿童提供的学前康复服务的一部分，是日间幼儿中心的延续。

2. 服务对象

因残疾情况严重、复杂而需紧密照顾及持续训练的幼儿以及无家可归、被遗弃、居住条件或家庭环境恶劣但无法另觅居所的残疾幼儿。符合入住条件的儿童应为：

（1）年龄介乎两岁至6岁之间的发展障碍儿童。

（2）无法从幼儿园暨幼儿中心的兼收计划中受惠的发展障碍儿童。

（3）无须经常接受医疗/医院护理的发展障碍儿童。

（4）有特殊需要的发展障碍儿童。

（5）被评定为有下列一项或多项残疾或问题的发展障碍儿童，

- 中度或严重弱智。
- 中度或严重肢体伤残。
- 失聪或听觉严重受损。
- 失明或视觉严重受损。
- 行为/情绪上有严重问题，有过度活跃倾向或患有自闭症。

3. 申请手续

可经由医务社会工作者或家庭个案社会工作者转介，或经由儿童体能智力测验中心、医院管理局属下医院儿科住院部/门诊医生、私人执业的儿科医生或临床心理学家转介至社会福利署康复服务中央转介系统。

3.1.5 残疾幼儿暂托服务

1. 服务简介

为学前弱能儿童设立的暂托服务是期望为残疾幼

儿童康复服务的类别

儿，以期提供一个安全的地方使其暂时得到照顾，以便他们的家人及照顾者可以处理个人或紧急事务。

2. 服务对象

2～6岁的发展障碍儿童。

3. 申请手续

家长可预先致电提供这项服务的早期教育及训练中心或特殊幼儿中心登记，亦可临时前往这些中心申请服务。如当日尚有余额，这些中心会立刻提供服务。

3.1.6 轮候资助学前康复服务儿童的学习训练津贴

1. 背景及目的

香港关爱基金于2011年12月推出"学习训练津贴项目"（以下简称"关爱基金项目"），为轮候资助学前康复服务的合资格儿童提供学习训练津贴，目的是让来自低收入家庭且有康复服务需要的学前儿童于轮候资助服务期间尽早获取所需服务，以协助他们的学习及发展。鉴于这个"关爱基金项目"获得的好评，香港社会福利署决定由2014年10月1日起将此"关爱基金项目"常规化。

2. 受惠对象

受惠儿童须符合下列所有条件：

（1）申请儿童必须在6岁以下，并已列入康复服务中央转介系统——弱能儿童学前服务子系统（以下简称"中央转介系统"）的资助学前康复服务轮候名单。

（2）在提出申请时，家庭每月收入不得超过相同住户人数的住户每月收入中位数的75%。

3. 资助额及服务

项目设有两种不同资助额度，为残疾程度不一的受惠儿童提供资助。

（1）普通额津贴：

● 4节由特殊幼儿工作员、心理学家、职业/物理/言语治疗师提供的每月3小时的个别或小组训练/治疗服务（包括有父母/监护人/照顾者同时参与的平衡小组）。

● 一年内由心理学家、职业/物理/言语治疗师或注册社会工作者提供4节（每节45分钟，例如每季一节）个别评估及/或家庭支持服务。

（2）高额津贴：

● 4节由特殊幼儿工作员、心理学家、职业/物理/言语治疗师提供的每月4小时的个别或小组训练/治疗服务（包括有父母/监护人/照顾者同时参与的平衡小组）。

- 一年内由心理学家、职业/物理/言语治疗师或注册社工提供的 4 节（每节 45 分钟，例如每季一节）个别评估及/或家庭支持服务。

认可服务机构会为合资格的儿童安排评估及提供建议，并在儿童的父母或监护人的同意下安排建议中的服务类别。

参与训练津贴项目学习的儿童将继续列入"社署"康复服务中央转介系统的轮候名单。当受惠儿童决定接受"社署"康复服务中央转介系统编配的服务时，便不再有资格获得训练津贴项目学习的资助。如受惠儿童拒绝接受"社署"康复服务中央转介系统编配的服务，他们可继续领取学习训练津贴项目的津贴至年满 6 岁后的 9 月 1 日，或至入读小学为止（以较早者为准）。唯受惠儿童在拒绝接受"社署"康复服务中央转介系统编配的服务后，其弱能儿童学前服务的申请将会被从轮候名单中移除。

3.1.7 到校学前康复服务试验计划

1. 计划简介

为使有特殊需要的儿童在训练的黄金期尽早获得所

需训练，香港社会福利署在2015年第四季通过奖券基金推行了一项为期两年的试验计划。试验计划通过非政府机构的跨专业服务团队为参与计划的幼儿园及幼儿园暨幼儿中心提供到校服务，以尽早为正在"社署"资助学前康复服务轮候册上的学童提供康复服务。试验计划同时会为幼儿园老师/幼儿工作员提供专业意见，协助他们处理有特殊需要儿童的问题以及向有关家长提供支持，使他们以正面的态度及有效的技巧培育有特殊需要的儿童。

2. 计划特点

（1）指定营办试验计划的非政府机构，主要通过项目队到幼儿园或幼儿园暨幼儿中心提供外展服务。

（2）由社工、言语治疗师、职业治疗师、物理治疗师、临床心理学家/教育心理学家以及特殊幼儿工作员为有特殊需要的儿童提供尽早介入的到校康复服务。

（3）在早期教育及训练中心或有相关设施的中心提供康复训练，以满足儿童的训练需要。

3. 服务对象

正在参与试验计划的幼儿园或幼儿园暨幼儿中心就读，并在"社署"资助学前康复服务轮候册上（即早期教育及训练中心、幼儿园暨幼儿中心兼收弱能儿童计划及特殊幼儿中心）的儿童；上述儿童之教师/幼儿工作者及家长/照顾者。

4. 服务内容

（1）为有特殊需要的儿童提供到校个人/小组康复训练，配以有康复设施的中心训练。

（2）为教师/幼儿工作员提供到校专业咨询服务和示范、讲座/工作坊/研讨会等。

（3）为家长/照顾者提供讲座/工作坊/研讨会。

5. 计划期限

试验计划为期两年。营办机构将于2015年11月1日至2016年1月1日期间开展服务。

6. 服务费用

论试验计划免费提供服务。

7. 申请办法

（1）经参与试验计划的幼儿园或幼儿园暨幼儿中心转介至项目队。

（2）若学童所就读的幼儿园或幼儿园暨幼儿中心参与了本试验计划，家长/监护人亦可直接向项目队提交申请。

（备注：此计划将于2018年成为常规化服务，获政府经常性拨款资助）

3.1.8 低收入残疾人照顾者生活津贴试验计划

1. 背景及目的

关爱基金于 2016 年 10 月推出为期两年的"为低收入的残疾人士照顾者提供生活津贴试验计划"（以下简称"试验计划"），旨在向有需要的残疾人士的照顾者提供经济援助，补助他们的生活开支，让有长期照顾需要的残疾人士能在照顾者的协助下，继续居于社区，并获得妥善照顾。"试验计划"于 2016 年 10 月开始至 2018 年 9 月底结束，由香港社会福利署负责推行。

2. 申请资格

申请人，即为残疾人提供照顾的人（以下简称"照顾者"），必须符合下列所有条件：

（1）照顾者所照顾的残疾人，须居于香港，并于 2016 年 3 月 31 日或之前正轮候"社署"任何一项指定的康复服务或教育局的特殊学校寄宿服务及医院管理局的疗养服务。

（2）在申请及领取津贴期间，照顾者所照顾的残疾人士须居于小区，没有使用任何院舍照顾服务及非长时间在医院接受住院治疗。

（3）照顾者须有能力承担照顾责任，并为受照顾的残疾人士每月提供不少于80小时的照顾时数；如照顾超过一名符合上述条件的残疾人士，则每月须提供总共不少于120小时的照顾时数。

（4）照顾者须为香港居民并居于香港，与受照顾的残疾人士没有任何形式的雇佣关系。

（5）照顾者没有领取综合社会保障援助（"综援"）或长者生活津贴，或以照顾同一名残疾人士为各申领关爱基金中之"为低收入家庭护老者提供生活津贴试验计划"（"护老者试验计划"）生活津贴。

（6）照顾者须属低收入家庭（即照顾者及与其同住的家庭成员的每月收入须不超过相关住户人数的指定收入上限，资产不计算在内。有关收入上限请参考香港的家庭每月收入限额）

3. 申请手续

（1）社署会发信给经由"社署"康复服务中央转介系统登记轮候指定的资助住宿照顾服务/日间康复训练服务、经由营办机构轮候指定的社区照顾服务、轮候教育局的特殊学校寄宿服务"社署"康复服务、医院管理局的疗养服务的残疾人士，邀请其符合资格的照顾者申请参与"试验计划"。邀请信内会夹附申请表。

（2）受惠于"试验计划"的照顾者名额为2 000

名，每名获邀参加"试验计划"的残疾人士只可由一位照顾者提出申请并领取津贴，若同一位获邀的残疾人士有多于一位照顾者，他们须自行协商由哪一位照顾者提出申请并领取津贴。

4. 审批申请

（1）申请会由"社署"审批，完成审批后，"社署"会将个案转介至协助推行"试验计划"的认可服务单位（服务单位，即家长/亲属资源中心、精神健康综合社区中心/精神病康复者家长/亲属资源中心、残疾人士地区支持中心）跟进，并向申请人发出申请结果通知书。

（2）提出申请时，申请人毋须递交相关的收入证明文件。"社署"会在处理申请或发放津贴期间抽查个案，并要求有关人士提交详尽的经济状况及相关资料以供核实。

儿童康复服务的类别

3.2 学龄残疾儿童服务

3.2.1 轻度弱智儿童之家/兼收轻度弱智儿童的儿童之家

1. 服务简介

为无法得到家人适当照顾的学龄轻度弱智儿童提供家居式住宿照顾。为了让他们融入社会，他们也会被安排入住兼收轻度弱智儿童的"儿童之家"，入住比率为一名轻度弱智儿童对7名智力正常儿童。

2. 服务对象

6～18岁的轻度弱智儿童并且：

（1）无父无母，或无法得到亲属适当照顾者。

（2）身处危机或需要离家接受短期或长期住宿照顾者。

3. 申请手续

可经由社工或康复服务单位的工作人员转介至社会福利署康复服务中央转介系统。

3.2.2 设有住宿服务的特殊幼儿中心

1. 服务简介

为有特别需要的弱能儿童提供住宿照顾，保障和增进他们的健康及福利，并根据他们身体、社交、情绪和智力方面的需要，照顾他们的成长和发展。这项服务乃是为弱能儿童提供的学前服务的一部分，是日间幼儿中心的延续。

2. 服务对象

残疾情况严重复杂而需紧密照顾及持续训练的幼儿，以及无家可归、被遗弃、居住条件或家庭环境恶劣但无法另觅居所的残疾幼儿。符合入住条件的儿童应为：

（1）年龄介乎2岁至6岁之间的发展障碍儿童。

（2）无法从幼儿园暨幼儿中心的兼收计划中受惠者。

（3）无需经常接受医疗/医院护理者。

（4）有特殊需要或被评定为有下列一项或多项残疾或问题者——

- 中度或严重弱智者。
- 中度或严重肢体伤残者。

儿童康复服务的类别

- 失聪或听觉严重/极度严重受损者。
- 失明或视觉严重/极度严重受损者。
- 行为/情绪上有严重问题,有过度活跃倾向或患有自闭症者。

3. 申请手续

可经由医务社会工作者或家庭个案工作者转介,或经由儿童体能智力测验中心、医院管理局属下医院儿科住院部/门诊医生、私人执业的儿科医生或临床心理学家转介至"社署"康复服务中央转介系统。

3.2.3 住宿暂顾服务

1. 服务简介

为残疾人士提供短期住宿照顾,以让他们的家人或照顾者得以在预先计划的情况下稍做歇息(例如离港旅游)或处理个人事务(例如接受手术),亦可让背负沉重压力的家人或照顾者暂时卸下照顾的责任,减压调息。此项服务亦于2008年4月起开放予6~15岁的残疾儿童。

2. 服务对象

服务申请人须具备以下条件:
(1)弱智或肢体伤残人士。

（2）年龄在 15 岁或 15 岁以上（个别服务单位亦接收 6～15 岁的残疾儿童）。

（3）愿意过群体生活，而且没有影响群体生活的行为问题及传染病。

（4）需接受一定程度而不超越有关服务单位所能提供的起居照顾或护理服务。

3. 服务期限

（1）视乎服务单位可腾出的服务余额而定，服务期限通常不可连续多于 14 天。

- 可重复多次使用。
- 遇有特殊情况，有关服务单位可酌情考虑延长服务期限。

4. 申请手续

可直接向有关服务单位提出申请，或由医务社会服务部、综合家庭服务中心、特殊学校或康复服务社会工作者转介。

3.2.4 社区支持服务、残疾人士/病人自助组织

1. 残疾幼儿暂托服务

（1）服务简介——为学前弱能儿童设立的暂托服

务，旨在提供一个安全的地方以暂时照顾这些儿童，以便让他们的家人及照顾者可以处理个人或紧急事务。

（2）服务对象——2～6岁的发展障碍儿童。

（3）申请手续——家长可预先致电提供这项服务的早期教育及训练中心或特殊幼儿中心登记，亦可临时前往这些中心申请服务。如当日尚有余额，这些中心会立刻提供服务。

2. 家长资源中心

（1）服务目的——家长资源中心提供一个集中的地点，让有类似问题的残疾人士的家长交流经验，并在中心职员的协助下互相帮助。通过这项服务，让残疾人士的家长及其他家庭成员更能认识及接纳残疾人士且能增强整个家庭的功能，使家长及亲属能够应付他们在照顾残疾人士时所遇到的压力及困难。

（2）服务对象——残疾人士的家长及亲属。

（3）服务内容——

● 提供支持服务，例如组织个别、小组及大型活动。

● 提供资源数据。

● 开展社区教育活动。

（4）申请手续——可直接向家长/亲属资源中心申请。

（5）服务范围——家长资源中心可提供一系列支持服务，包括：

- 热线咨询服务（提供与残疾人士发展有关的服务资料）；
- 资源图书馆（收藏最新的参考数据及服务信息，供家长借阅）；
- 玩具图书馆（提供各类具教育性的玩具及影音教材，供家长借用）；
- 教育性讲座/工作坊（提高家长照顾及训练子女的知识水平和技巧）；
- 家长支持小组（为家长提供互相分享和支持的机会）；
- 社交及康乐活动（促进家庭成员间的沟通和联系，并满足家庭成员的休闲需要）；
- 兴趣班（为家长及儿童提供多元化的兴趣班，以发掘他们的兴趣和潜能）；
- 儿童训练小组/活动（提升儿童的社交、沟通、自我照顾等方面的能力）；
- 社区教育活动（帮助社会人士更加清楚地认识发展障碍人士的需要和潜能）。

3. 残疾人士/病人自助组织

自助组织由一群以增进自身福祉和权益为共同目标

儿童康复服务的类别

的人士所组成，其目的是通过"同路人"的关怀、经验分享和信息交流，解决大家所面对的共同问题。

4. 儿童健乐会

（1）服务目的——儿童健乐会为香港协康会辖下的组织，期望通过融合活动，营构全纳社会，从而为伤、健孩子缔造更缤纷多彩的成长空间，让其共同走向一个无障碍的理想世界。

（2）服务对象——2~15岁儿童及其家庭。

（3）服务内容——

- 健乐余暇活动（幼儿发展小组、学习班／兴趣班、玩具／图书及影音服务、户外及社交康乐活动）；
- 健乐社区融合计划（义工领袖培训、区内幼儿园／幼儿园、小学及中学融合活动、社区教育）；
- 健乐家庭支持活动（亲职教育和辅导、亲子活动、家庭活动）。

（4）申请途径——需先申请成为会员，方可以邮寄方式报名参加活动。

第四章 学前发展障碍儿童康复社会工作

 社会工作的基本信念及价值

社会工作的使命乃是为社会中有需要的人谋求福祉，达致"助人自助"的目标。社会工作实务并不是一套纯技术性的操作，而是由一套坚实的价值体系所承载的道德实践（Moral Practice）（Beauchamp & Childress, 2001; Goldstein, 1998; Johnson, 1989; Levy, 1973; Perlman, 1976; Reamer, 2013; Vigilante, 1974; Whan, 1986; Yuen & Ho, 2010）。作为指引社会工作者实践其专业任务的根本指南，社工价值观建基于坚实的社会工作信念。

4.1.1 社会工作的信念

社会工作的基本信念是：

（1）每个人都有天赋的价值和尊严，所以无论其性别、年龄、种族、国籍、信仰、身份、地位、伤健、贫富、教育程度等有何差别，都应获得尊重和接纳。

（2）每个人都有与生俱来的潜能及正向转化的倾

向，所以社会应提供平等获取资源的途径，让每个人都有机会发挥自我，实现理想。

（3）所有人都有共同的基本需要（Maslow，1943），所以社会应提供机会让每个人满足其需要。

（4）每个人对自己、他人、社会都有道德责任，所以所有人都应自爱自律、互相尊重、贡献社会。

4.1.2 社会工作的价值

所谓价值，乃是人对事物的价值或重要性的判断。所有人都会根据自己的信念、经验去定义某事物有多少价值或重要性如何，或对多于一种选项的事物进行价值排序（Value – ranking），从而在面临抉择时作为所持态度及行为取向的依据。而社工的价值观，即被社工视为最重要的价值，是人的价值、尊严、人权、自由、公平正义、道德、责任、诚信、人际关系、自我实现。

4.1.3 社会工作的准则

根据香港社会工作者注册局的指引，注册社会工作者需要遵守的准则被概括为：

1. 与服务对象有关

（1）职责——社工首要的职责就是对服务对象负责。

（2）文化意识——

- 社工应认同其服务的社群在种族及文化方面存在的差异。
- 社工应对其服务对象的文化熟悉和敏锐，并明白他们之间在族裔、国家本源、国籍、宗教和习俗方面的差别。

（3）知情决定及自决——

- 社工有责任让服务对象知悉本身的权利并协助他们获得适切的服务，且应尽量使服务对象明白接受服务的责任及可能产生的后果。
- 如果服务对象是在强制情况下使用服务的，社工应向服务对象清楚说明他们的权利和权限，并协助他们最大限度地获取自主权。
- 因应服务对象在自决权方面的限制，社工应鼓励服务对象尽量参与有关目标、选择和可获得服务的决定。

（4）使用数据及保密原则

- 社工应尊重服务对象在保护隐私和保密个人资料方面的权利，除非其他法例特别是《个人资料（隐私）条例》（《香港法例》第 486 章）有所订明。社工也应尽可能充分告知服务对象在某种情况下，保密性所受到的限制、搜集数据的目的及数据的用途。

- 在公开个案资料时，社工应采取必要及负责任的措施，删除一切可以识别个案中人士身份的信息，并应尽可能事先取得服务对象及相关机构的同意。
- 社工应采取预防措施，确保和维持通过电子媒介传达至其他人士的资料的保密，并应尽量避免披露足以识别服务对象身份的资料。
- 当社工通过电子媒介提供服务时，应告知服务对象有关该等服务的限制和风险。
- 除非能确定隐私得到保护，否则社工不应在任何环境下讨论机密资料。
- 在履行法律程序的过程中，社工应在法律容许的范围内保护服务对象的机密信息。

（5）利益冲突——社工不得滥用与服务对象的关系，借以谋取私人的利益。

（6）性关系——

- 在任何情况下，不论是经双方同意还是以强迫方式，社工均不应与服务对象进行任何涉及性的活动或性接触。
- 社工不应为过去曾与本人有过性关系的人士提供临床服务。

（7）持续提供服务——如服务需要收费，社工应尽量使服务对象不会因经济能力的限制而不能及时获取所需要的服务。

（8）收费措施——
- 社工应制订及维持收费措施，使之能准确地反映所提供服务的性质和范围，如为私人或独立执业的社工，则更应识别该等服务能应由谁来提供。
- 在提供服务之前，社工应清楚地告诉服务对象有关服务的收费标准和费用额度。

2. 与同行有关

（1）尊重——社工应尊重其他社工、其他专业人士及义务工作者不同的意见及工作方法。任何建议、批评及冲突都应以负责任的态度表达和解决。

（2）跨界别协作——
- 社工应以公平和专业的方式执行职务和对待同行，无论对方隶属哪个机构，均应对他们一视同仁。
- 社工应尽量与其他社工及其他界别的人士协

作，以提高服务的成效。

- 当社工作为一个跨界别小组的成员时，应本着社工专业的角色、价值和经验，参与和促成将会影响服务对象福祉的决定，社工应尽量促使及协助该跨界别小组清楚地界定小组整体及其个别成员的专业和道德责任。
- 如果一个跨界别小组的决定引发了关于社工道德冲突问题，该社工应设法通过恰当的渠道来解决分歧，如果这样仍不能解决分歧，社工应寻求其他适当和符合服务对象利益的途径，来处理他们所关注的问题。

（3）督导及培训——

- 负责督导或提供专业咨询的社工，应通过适当的进修、培训、咨商和研究，持续获得并具备所需的知识、技能和方法，使自己能够胜任专业督导和培训方面的工作。社工应只在其知识领域或工作能力范围内提供训练或发出指令。
- 提供督导的社工应该认同督导在教育、支持、发展和工作上所扮演的角色，而不应滥用与下属的专业关系，借以谋取任何利益。
- 负责督导的社工有责任监察其下属按照工作守则办事。

（4）咨询——

- 无论何时，如咨询同行可以使服务对象获得最大利益，社工应向同行寻求意见及指导；
- 社工应只向那些已显示其具备与须咨询议题有关的知识、专长和工作能力的同行咨询意见；
- 当社工为了服务对象而须咨询同行的意见时，应只向该同行提供必需的信息；

（5）服务对象的选择权——社工尊重服务对象的选择权，但不应在不尊重其他机构和同行的情况下争夺其他社工的服务对象。

（6）共事同行间的沟通——社工与共事同行之间沟通时所谈及的内容，在未获得明确许可之前，不应向服务对象透露任何超出服务对象个人资料范围的内容。

（7）性关系——作为督导或培训者的社工，不应与其专业权力督导的下属、学生或受训学员进行任何涉及性的活动或性接触。

3. 与机构有关

（1）社工应向其雇用机构负责，提供具效率及效能的专业服务。

（2）社工应以建设性及负责任的行动，影响并改善雇用机构的政策、程序及工作方式，务求令机构的服务水平不断提升，并使社工不会在执行机构的政策时抵触工作守则。

（3）社工在发表任何公开言论或进行公开活动时，均应表明自己是以个人身份抑或是以团体或机构的名义在行事。

（4）社工不应在未经其服务机构同意的情况下，利用机构与外界的联系，为个人的业务招揽服务对象。

4. 与专业有关

（1）专业责任——

- 社工从事其专业工作时，应持诚实、诚信及尽责的态度。
- 社工应持守专业价值和操守，并持续提升专业知识水平。
- 社工应向有关机构报告任何因有违专业工作守则而危害服务对象利益的行为，并在必要时维护那些受到不公正指控的社工。

（2）职效能力——

- 社工应只在其教育、训练、执照、证书、专业咨询、被督导的经验或其他相关的专业经验范畴内提供服务并申明自己具备有关的职效能力。
- 社工应只在参与研究、训练、专业咨询及经由熟悉该等介入方法或技巧的人士的督导下，才能在实质性范畴内提供服务，或采用对他们来说是新的介入技巧或方法。

- 如果在新兴的实务领域中仍未有普遍认可的标准，那么社工应小心判断，并采取负责任的措施，包括适当的进修、研究、培训、专业咨询和督导，以确保他们的工作成效且使其服务对象免受伤害。

（3）尊重——社工对专业问题提出评论时，应持负责任及建设性态度。

（4）陈述——社工不应就个人资料、专业资格、证书、教育、职效能力、服务性质、服务方法或将可达致的成果，提供不确实的声明或虚假的陈述。

（5）独立开展社工实务——从事私人执业或独立进行社工实务的社工，应只在其能力范围内提供服务。一旦服务对象的需要超出其能力范围，社工应予以适当的转介。任何有关其服务的宣传，均应建基于该等社工的实际资格、经验和专长。

（6）专业发展——

- 社工有责任不断增进自身的专业知识和技能；
- 社工有责任协助新加入社会工作领域的同行建立、增强并发展操守、价值观以及专业技能与知识。

（7）奉召当值——在有关方面提出明确的要求时，被特别召集到场的社工，应在特定情况下提供相应的服务，即社工应奉召当值。

5. 与社会有关

（1）当政府、社团或机构的政策、程序或活动导致任何人士陷入困境及痛苦，又或是妨碍困境及痛苦的解除时，社工有必要唤起决策者或公众人士对这些情况的关注。

（2）社工有必要倡导修订政策及法律，以改善有关的社会情况，促进社会公平正义及福祉。社工亦有必要致力推动社会福利政策的实施。社工不可运用个人的知识、技能或经验助长不公平的政策或不人道的活动。

（3）社工有必要致力防止及消除歧视，令社会资源分配更为合理，务使所有人士有均等机会获取所需的资源和服务。

（4）社工有必要推动公众尊重社会的不同文化。

（5）社工有必要鼓励社会公众在知情的情况下参与制订和改善社会政策和制度。

 基于家庭生态系统理论的家庭需要评估

家庭是多于一人而组成的系统，是一个由规范的互动及相互依赖的群体而组成的整体，成员间会互相影响及相互学习（Figley，1989）。初生婴儿不能独立成长，需要父母的照顾。在儿童发展及成长过程中，家庭每一位成员担当着不同的角色并具有不同的功能，比如父母是子女的照顾者、教导者及引领者，父母在照顾儿童的过程中，应帮助儿童学习和成长，父母亦应不断学习照顾及管教技巧；祖父母为父母提供支持并协助父母照顾儿童；兄弟姐妹亦应通过互动过程而相互学习、相互竞争且相互支持，并可成为父母的小助手（Sileo & Prater，2012）。

当一个家庭的成员中有特殊需要的儿童时，不同家庭或家庭里的不同成员的应对能力亦各有不同。这种能力差异，取决于家庭整体价值观及每一位成员的个体价值观乃至文化差异、有特殊需要的儿童所需要被照顾的程度、儿童情绪及行为问题的严重程度、儿童与社区的互动关系及联系程度、家庭成员在家庭内外所能获得的

支持及支持的多寡等（Seligman & Darling, 2007）。

　　社工去接触一个育有特殊需要儿童的家庭时，首先要做的一件事，便是对这个家庭进行一次全面的评估。最适合和常用的评估理论架构是 Bronfenbrenner（1979）所提出的家庭生态系统理论（Ecological System Theroy）。系统就是指一个有规则地互动或一群相互依赖分子所组成的整体，他们之间互相影响也彼此依赖。

　　家庭生态系统理论的基本信念是每一个家庭成员虽然是一个个独立的个体，但他们不是单独生活的，而是由彼此互动、互相影响、相互依赖的个体形成的一个生态系统。其中的每个家庭也不是独立存在的，而是和居住在社区里的其他个人、邻居、团体彼此互动，并与其他功能性团体组织相互影响的，例如工作场所、学校、医院等。而且还是受一个更大的系统，例如文化、政策、经济等因素的影响的。

　　Bronfenbrenner 认为，家庭生态系统包括小系统（Microsystem）、中间系统（Mesosystem）、外系统（Esosystem）和大系统（Macrosystem）4 个系统，家庭是小系统的一种，中间系统为两个小系统的链接，外系统为外在的环境脉络，大系统是外系统、中间系统、小系统直接或间接的互动关系。各大小系统层层紧扣进而形成了一个完整的生态系统，就好比大自然的生态环境一样。当这个生态系统中无论是大系统还是小系统发生变化时，其他系统也会发生相应的变化。若系统间出现不适应状况，就会引发压力与危机。同样道理，通过人为的干预，也可克服和改善这种不适应，以重建新的平衡。

在将家庭生态系统理论应用到分析育有特殊需要儿童的家庭时，可参考图4-1。

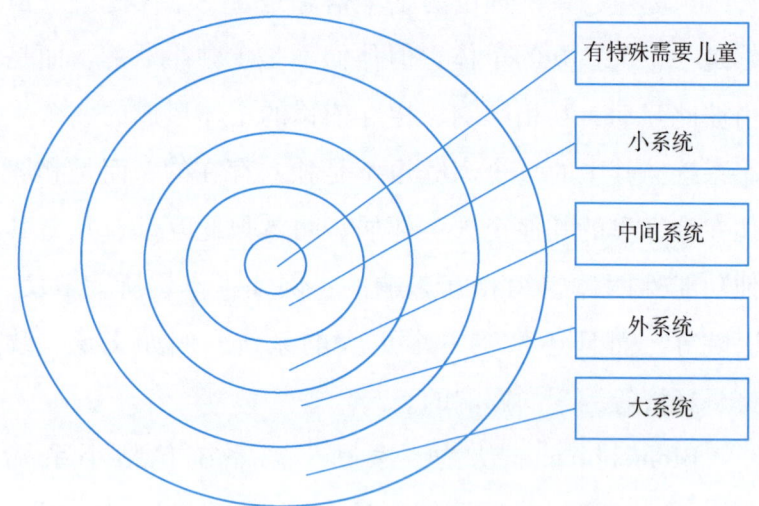

图4-1 家庭生态系统理论与有特殊需要儿童家庭分析

1. 小系统

小系统是指与有特殊需要儿童直接互动的人与事，如父母、其他家人、学校、社区中之游乐设施、同辈朋友等。

2. 中间系统

中间系统是指有特殊需要的儿童所直接参与的两个或两个以上的小系统，而不单是小系统所强调的个别有特殊需要儿童的家庭，其更强调各小系统之间的正负向互动关系。例如家庭与街坊邻里、延伸家庭或学校的互动。如果两个小系统之间的互动是和谐一致的，则生活于其中的有特殊需要的儿童将会获得正常的发展。

3. 外系统

外系统是指未与有特殊需要儿童的家庭直接互动，但是仍影响着他们的发展的系统。例如，父母的工作场所、社区组织与服务、家族亲戚、传播媒体、法律服务等。

4. 大系统

大系统是指的是社会、文化、价值观等较高层次的系统，它直接或间接地影响着各个系统。

因此，为家庭进行的全面评估，可包含下列5个方面：

1. 儿童总体状况评估

儿童的基本数据，如年龄、弱能类别、健康状况、发展阶段、各方面的能力水平、兴趣、潜能等。

2. 小系统评估

对学前阶段的儿童来说，家庭是最重要的小系统，就此社工需要了解以下各方面的情况：

（1）亲子关系，即父母对儿童的认识和期望是否切合儿童的能力，以及父母对儿童状况的接纳情况。

（2）父母的亲职效能、管教能力。

（3）父母个人在身体、心理和人际关系方面的情况，以及亲职压力水平、工作类型和适应能力。

（4）家庭结构，包括父母间的婚姻关系、沟通模式、家人间的关系。

（5）家庭的资源及强弱之处。

3. 中间系统

检视和评估有特殊需要儿童所直接参与的小系统，例如儿童在延伸家庭或学校的参与情况，这些系统对儿童的互动是正面的抑或是负面的影响。

4. 外系统

检视和评估父母的工作场所、社区组织与服务、家族亲戚、传播媒体、法律服务等对儿童互动是正面的抑或是负面的影响。

5. 大系统

检视和评估社会、文化、价值观等较高层次的系统对儿童的需要如何响应，其影响是正面的抑或是负面的。

香港协康会会为每一个到特殊幼儿中心或早期教育

及训练中心的有特殊需要的儿童的家庭进行一次完整的评估,并会与各专业团队成员共同制订一个"个别化家庭服务计划",以跨专业团队的工作方法,为儿童和家庭提供全面的家庭为本的服务。

表4-1是"个别化家庭服务计划"首次约见综合评估记录表所列相关问题(协康会,2014)。

表4-1 "个别化家庭服务计划"首次约见评估记录表

儿童健康资料
怀孕情况
(1) 母亲怀孕时年纪有多大?第几次怀孕? (2) 母亲怀孕时的身体健康情况怎样?有没有患病或曾受感染(例如糖尿病、贫血、高血压)而需要吃药?有抽筋的情形吗?曾经遇到意外或其他特别事故吗? (3) 有没有流产的迹象? (4) 母亲的情绪可好?
出生情况
(1) 孩子是否足月、顺产? (2) 如果不足月,出生时有多重,住过氧气箱吗? (3) 孩子出生时情况如何?(手术、吸、钳、催生、其他方式) (4) 孩子出生时有多重?有没有缺氧的情况?

续上表

早期健康进展
（1）孩子患过黄疸吗？有没有接受特别治疗，例如换血、灯光照射等，需住院吗？ （2）孩子有没有因患过大病如肺炎、高热等而住过院？住了多少天？ （3）曾否接受手术治疗？有什么工作员应留意的情况？ （4）曾否接受过特别检查或治疗？ （5）什么时候发现或知道儿童弱能情况的？
特别的健康问题
有什么中心应特别注意的情况，如需长期服药、心脏或呼吸系统的特殊状况、抽筋等。
儿童发展状况
1. 大肌肉发展 如儿童正接受物理治疗，则可询问以下一般性问题： （1）在哪儿接受治疗？隔多久去接受一次治疗？做哪些训练？ （2）儿童对治疗的反应怎样？有没有哭闹？ （3）家长认为孩子在接受治疗期间有没有进步？哪一方面有进步？
一般体能状况及发展历程
儿童在何时能够转身、坐、站、步行、上下楼梯，针对现阶段发展做深入了解，如是否需要协助。 家居照顾及辅助仪器（部分儿童体能方面没有障碍，则不必问以下问题）：

续上表

（1）大脑麻痹的个案：
- 在家有没有使用特别的器具或仪器，例如脚托、梯背椅、企架等？
- 以前有没有患过肺炎？

（2）与胸肺或呼吸系统有关的个案：
- 以前曾经接受过吸痰或拍痰服务吗？是不是常常需要拍痰？
- 在家须做些什么运动/训练？

（3）骨科个案（肢体弱能的儿童）：
- 是否需用特别的辅助器具？
- 以前接受过手术吗？康复过程怎样？有没有做过物理治疗？
- 手术后进展怎样，情况是不是比以前好转？
- 医生有没有介绍以后会怎样处理或治疗儿童的情况？

（4）唐氏综合症或弱智（Global Delay）儿童：
- 儿童什么时候才懂得坐、站、走路？
- 家长有否带孩子到户外活动？
- 儿童走路平稳吗？

2. 小肌肉发展

如儿童正接受职业治疗，则可询问以下一般性问题：

（1）在哪儿接受治疗？隔多久去接受一次治疗？做哪些训练？

（2）儿童对治疗的反应怎样？有没有哭闹？

（3）家长认为孩子在接受治疗期间有没有进步？哪一方面有进步？

续上表

> 3. 自理
>
> （1）生活习惯：
> - 平日早上几时起床？
> - 几时吃早、午、晚饭？是不是定时进食？
> - 有没有午睡的习惯？午睡大概在什么时间？
> - 晚上几时上床睡觉？睡得安稳吗？
> - 睡觉时需要成人陪伴吗？
>
> （2）喂食：
> - 用什么方法及餐具进食？是否仍需用奶瓶？懂得用杯、匙等器具吗？
> - 吃的分量、次数有多少？
> - 会咀嚼食物吗？是不是咀嚼后才吞咽食物？
> - 喜欢把食物含在嘴里吗？
> - 有没有偏食的习惯？吃些什么食物？
> - 是否需要特别的辅助器具或坐特别的椅子进食？
>
> （3）如厕：
> - 会自己表达需要吗？（声音、手势、特别姿势）
> - 母亲有没有定时带孩子去厕所？
> - 需要别人协助吗？（如拉拉链、扣纽扣、穿脱裤子）
> - 需要协助清洁吗？
> - 有没有失禁现象？若有，其后有所表示吗？
> - 晚上有没有遗尿？需要用尿布吗？（日间或夜间）
>
> （4）穿衣：
> - 懂得伸展肢体让母亲穿衣吗？
> - 现时可穿/脱哪种衣服？（衣、裤、鞋、袜等）
> - 懂得拉拉链、解/扣纽扣吗？
> - 懂用魔术贴吗？

续上表

（5）清洁： ● 懂得抹/洗手吗？ ● 懂得抹嘴、洗面吗？ ● 会把水吐出来吗？
4. 感知方面 以前有没有接受过有关感官功能的测验或检查，例如视觉、听觉等测验，结果如何？
5. 语言、社交沟通能力发展 如儿童正接受言语治疗，可询问下列之一般性问题： （1）在哪儿接受治疗呢？隔多久去接受一次治疗？做哪些训练？ （2）儿童对治疗的反应怎样？有没有哭闹？ （3）家长认为孩子在接受治疗期间有没有进步？哪一方面有进步？ 如儿童未接受言语治疗，则应了解以下语言及沟通问题： （1）语言发展过程： ● 在家中主要运用哪一种语言？ ● 儿童在何时开始发声、说出单字、说出短句？ （2）语言理解： ● 儿童对自己的名字有反应吗？ ● 儿童明白日常的指示吗，例如会听妈妈的话吗？ （3）语言表达： ● 儿童能模仿说话吗？ ● 儿童能自发说出什么语句？有没有例子？ ● 儿童有所要求时会怎样表达？ （4）口肌及发音： ● 儿童有没有发音不清的情况？ ● 有没有流口水的情况？

续上表

6. 学习行为表现 （1）在光接触、专注力、模仿力、兴趣方面： ● 观察儿童是否与人有持久/短暂的目光接触； ● 观察儿童的专注力； ● 观察儿童对动作及语言的模仿能力，同时可向家长询问其意见； ● 儿童有没有特别喜欢的活动、对象等。 （2）游戏技巧方面： ● 在家有没有玩玩具？ ● 玩什么玩具居多？ ● 怎样玩？有没有特殊的玩法，例如把玩具排成行，"闻"玩具。 ● 和谁一起玩？ ● 玩完会收拾吗？ ● 不高兴时会把玩具推掉或狂扫在地上吗？ ● 最喜欢玩哪个玩具？知道他/她为什么特别喜爱吗？
7. 社交/情绪行为表现 （1）平日有没有和兄弟姊妹一起玩耍？喜欢接近哪位家人？ （2）对其他小朋友和善吗？有没有和小朋友争玩具？ （3）会不会无故喊叫？平日喜欢笑吗？ （4）对陌生人及环境是否惧怕？（可以询问及观察）。 （5）在家中有没有特别的行为问题，例如无故发脾气、吵闹、经常捣乱等行为？
8. 家庭状况及家长的期望 有关家庭状况、家长之期望的内容，社工可通过运用专业知识加以判断并得出结论，以下问题可帮助社工探讨家长的情况和需要。

续上表

（1）请家长形容他对儿童目前能力状况的认识及对问题的观感（例如家长觉得孩子与正常儿童的差距）。 （2）问家长医生曾否介绍孩子的情况及前景？日后会怎样帮助孩子？家长是否同意医生的见解？为什么同意/不同意？ （3）观察家长抱孩子的态度，与孩子说话时的用词、语气、手势、眼神等，可以据此了解其对孩子的接纳程度和亲子关系。 （4）爸爸（妈妈）帮助照顾孩子吗？是否父母一同出席？ （5）平日或假期，一家人喜欢开展什么活动，例如郊游、看电影、上茶楼等？ （6）爸爸（妈妈）有没有一起去？ （7）有没有去探望祖父母或亲友？亲友住得近吗？ （8）母亲有没有参加社交活动？平日工作情况怎样？ （9）平日能够抽空训练孩子吗？有没有空到中心当义工？ （10）当儿童发脾气、吵闹或偏食时，家长怎样处理？ （11）家长希望多了解一些有关孩子的事吗？有没有问护理人员或医生？ （12）家长对孩子有什么期望？ （13）希望中心怎样帮助孩子？ （14）家长自己希望得到哪些帮忙/支持呢？
9. 家庭问题 家长觉得在照顾儿童方面有什么困难？家里还有什么事情令她/他担心？
10. 家庭资源 （1）有没有人可以帮助家长解决以上问题？ （2）家长自己有什么计划去处理以上问题呢？

续上表

> 11. 愿意参加训练的程度
> （1）有没有时间参加家长聚会？
> （2）你认为自己可以每天（每星期）抽多少时间来训练孩子？
> （3）可否在到中心做义工？（按中心情况问）

 社会工作者的角色

当对儿童和家庭有了一个全面的了解后，各专业人员便会制订自己的介入计划，其中社工会为每一个家庭进行一个个案需要分析，以便确定服务目标，以个案工作、小组工作和社区工作等不同手法，为家庭提供持续和适切的社会服务工作。

等待迎接新生命的来临对于家庭来说是一件非常喜悦的事情，但当被告知新成员有不同程度的缺陷或发展迟缓，甚或在新生命出世几年后父母才发现儿童有不同程度的特殊需要，各家庭成员原有的喜悦会被顿时摧毁，亦可能因为对儿童相关特殊需要不了解而感到困惑、无奈、无助或迷茫，甚至会自责，例如早产或身体残弱的特殊需要幼儿可能在出世后就要马上接受医学手

术，其父母及其他家庭成员可能因见幼儿所受到的皮肉之痛而感到难过或自责。对一些儿童发展迟缓、自闭症问题，家长未必能及时发现，随着儿童渐渐长大，家长才可能逐步发现儿童在体能、语言、自理等方面不如其他同龄孩子，初期可能只觉得该儿童笨、慢，相信儿童会慢慢学懂，但一段时间后却会因未见儿童的进步而开始责备、抱怨儿童，同时还会暗自担心孩子的能力问题，疑虑、害怕、忧虑、无助的心情会慢慢涌现。因家庭中父母、祖父母、兄弟姐妹及有特殊需要的儿童在家庭互动过程中的相互影响，而且还需要多方面的支持及协助，故而除了儿童需要接受训练外，家庭成员亦需要学习面对及接纳成员的特殊需要，以便应付长期照顾有特殊需要的儿童的责任及压力。

随着有特殊需要的儿童的不断成长，其个人能力发展障碍可能会引发不同程度的情绪及行为问题，当其参与社区生活时，他们可能也会因在意在与朋辈的接触和互动中发现自己的差距而感到自卑，进而影响与社会建立良好的互动关系。在这种情况下，社工会通过实务工作，包括个案、小组及社区工作，以不同的角色介入，从而协助有特殊需要的儿童及其家庭应付生活压力并增强其与社区的联系和共融水平。

4.3.1 个案管理者

1. 个案管理的内容

在有特殊需要的儿童的成长过程中,为使其得到全面发展,不同专业的社会工作者会组成专业团队就有特殊需要的儿童的不同需要,在不同的范畴订定训练目标及计划,为有特殊需要的儿童提供专业训练。要有效训练有特殊需要的儿童并提升其相应的能力,家长的参与及配合是非常重要的。家长除可帮助专业人士了解儿童的需要及能力外,还可以与专业团队沟通,以共同为儿童订定训练目标,并在这一过程中学习和掌握相关训练技巧,以便在家里运用,从而巩固儿童所掌握的能力(Sileo & Prater, 2012)。

专业团队里的各专业人员需要为有特殊需要的儿童及其家庭提供不同的专业信息,如果家长没能建立起接纳有特殊需要儿童的良好心态,则其在接受照顾有特殊需要的儿童的信息时,自然就会产生困难,更谈不上整理相关信息。这时,社工需协助这些家庭直面问题,以个案管理者的角色协助家庭与不同专业的人士沟通及协调,以便合理地运用社区资源,鼓励家庭参与,与专业团队共同评估并订定儿童的发展方向,从而全面协助有特殊需要的儿童及其家庭，增强他们的抗逆能力。

2. 个案管理流程

个案管理是依据前文所述家庭生态系统理论分析模型，为家庭成员构建的相互影响互动系统。该模型认为，有特殊需要的儿童及其家庭所需面对的问题来自多个方面，大致可包括儿童身体健康医疗、儿童长远能力发展、家庭经济及资源支持等。因而要有效地协助家庭面对和克服这些复杂的问题，必须由医疗健康领域的医生及护士、教育训练领域的治疗师及老师、社会福利领域的社工3方面的专业人员，以专业的工作方式，共同为家庭提供最合适的服务。

在专业团队的合作中，社工以个案管理者的身份主动支持有特殊需要儿童的家庭，为他们提供心理辅导及各项支持服务，了解家庭的内外资源及社区资源，协助家庭与专业团队沟通，帮助专业团队了解其家庭情况及忧虑，协助家庭了解及整合不同专业领域就有特殊需要的儿童的情况提出的建议，包括评估、治疗、训练、服务、社区资源等。此外，还应支持家庭面对及应付生活问题，使家庭得以保持各方面的平衡。社工不仅是家庭的个案工作者，而且也是专业团队的个案管理者及协调者。除了对有特殊需要的儿童及其家庭的需要进行预先了解外，还要评估家庭与社区的资源，整合服务过程中所有的资源并加以综合运用。同时还借助社会工作的介入理论及技巧，加强与家庭的联系并参与专业团队早期介入计划的执行，为有特殊需要的儿童及其家庭提供全面评估，还得针对各方面的需要，适当地提供意见、协助、协调、转介、监督及倡导等多元化服务，以满足儿童及其家庭的各种复杂需要，使问题得到解决（Shannon，2004）。

下文是对个案管理者处理个案六阶段流程（Ballew & Mink，1996）的介绍。

（1）建立关系：每位有特殊需要的儿童及其家庭的情况都有所不同，每个家庭面对的问题都有其独特性，故而必须通过个别化介入，以聆听的方式全面了解其需要及问题。作为个案管理者的社工，需要通过面谈方式介绍自己及服务，澄清彼此的角色及期望，通过聆听了解有特殊需要的儿童及其家庭需解决的问题及负面情绪，并在给予其正面的支持及鼓励的基础上，与有特殊需要的儿童及其家庭建立相互信任和良好的合作关系并保持双向沟通的流畅性。建立良好合作关系的先决条件，是让家庭建立安全感。

为确保服务质量，社会福利署对社会服务机构有明确的指引及要求。因而，社会服务机构应按社会福利署的指引，自行订定服务质量指标及标准以让社工依据指引推行服务，并接受机构及社会福利署的监察。为此，社工应向服务使用者说明其合作关系，使服务对象在接受服务时受相关程序的保障。机构应在社会福利署的服务质量标准监管下，清楚界定服务的宗旨和目标，公开运作形式，有效管理资源，灵活变通管理方法，创新并持续改善服务质量，以满足服务使用者的特定需要，尊重服务使用者的权利（香港社会福利署，2001）。

社工在让家庭接受社工服务并与个案管理员建立关系的过程中，必须按社会福利署的要求，向接受服务的家庭说明合作关系及其相关保障。社工除须向服务对象清楚介绍机构及中心服务、机构管理和行政乃至于服务对象可得到的相关服务及服务流程外，更重要的是让服务对象了解其保障及权益，包括环境安全、个人隐私、个人财物管理、知情权、公平且受尊重的对待、表达意见及投诉的权利等，以减少接受服务的家庭的不解及迷惘，并在安全的环境下使其信息受到保护，从而在个案管理者与服务对象之间建立相互信任，让服务对象感到自己并不孤单，进而愿意坦陈自己的感受及处境，以有助于个案管理者进一步了解其家庭情况并开展下一步的预估。

（2）需求预估：在建立评估阶段的初步联系，并向家庭成员收集基本信息之后，便可对服务对象的需求进行预估了。服务对象的预估内容主要包括家庭每位成员的身心需要及其对有特殊需要的儿童的需要及情况的认识、家庭结构功能及支持、社区资源及网络（朋辈、学校、社区等）。为在短期内协助家庭确认共同问题及解决方法，社工应在预估过程中全面评估家庭成员可以运用的解决问题的方法、资源以及家庭成员在运用这些方法时可能遇到的障碍。此外，作为个案管理者的社工还应与家庭成员一起，列出所需解决的问题并排列处理问题的次序。

另外，个案管理者还应留意家庭成员所处环境内各系统之间的互动关系，包括居住邻里、工作朋辈、社区设施及服务、亲友网络等，在分析、诊断、辅导计划里，也必须对相关系统的互动关系进行影响分析，以评估系统与个人之间的互动关系及其对家庭成员的正向或负向影响。内容包括各成员的个人能力（经济与地位、对有特殊需要的儿童的理解及认识、照顾有特殊需要的儿童生活的技巧、面对有特殊需要儿童的态度）、家庭成员间的职责分工及成员对社区生活的参与程度等。唯其如此，才可以准确地制订有效的服务计划。

（3）服务计划：在完成需求预估之后，社工便可以针对家庭所需的服务，制订系统性结构化的服务计划了。将在预估过程中所得到的信息，转化成家庭可以执行的一系列行动，目的是使家庭成员信息获得所需要的资源以解决个人、家庭及环境所造成的各种问题。在这一过程中，作为个案管理者的社工，需要与家庭成员共同建立行动目标，排列出行动的先后次序，选择达成目标的执行方案，确定监察时间表。此外，个案管理者还应为家庭提出适当的服务建议，让家庭成员参与到服务计划的制订过程中，以便其更有效地执行计划中的约定事项。

  服务计划的内容主要是，如何让家庭成员理解并接纳家中的有特殊需要的儿童，并针对有特殊需要的儿童，确定其发展目标及方向，便让家庭成员协助有特殊需要的儿童发展所能，促进家庭克服可能面对的困难和压力，建立并运用内外部支持网络，强化与专业团队的沟通等。从看起来较容易的项目介入，使家庭成员易见成效，从而增强其面对问题的信心、动力和能力，是基本的介入策略。在此基础上，再一步步循序介入较难的项目比如应先解决家庭基本的生活及安全需求问题，然后再帮助其重构家庭的结构性互动关系，并逐渐协助家庭成员建立起自信，使他们增强自行解决问题的能力。在这一过程中，个案管理者应以有特殊需要儿童的福祉为优先事项，协助家庭成员提高共同面对压力及问题的能力，以发挥家庭各成员的合力，共同面对及解决问题。

(4) 资源运用：专业团队里的所有专业人士，都是有特殊需要的儿童及其家庭的资源。因而，个案管理者在协助有特殊需要的儿童的家庭解决所面对的问题时，必须充分整合专业团队内相关部门、机构及其他外在环境系统所能提供的正规或非正规的服务、财务、人力、资源及信息等，并实现其与家庭需求的链接和统合，使这些资源与家庭链接为家庭服务网络或资源网络。由于最大限度地获取可运用的资源，可让家庭更有动力地把计划付诸行动，所以在执行行动时个案管理者应协助家庭更为妥善地利用各种资源，并针对资源的使用及资源链接提供介入服务，将可能遇到的障碍减至最少，以协助家庭成员克服相关障碍。此外，还可通过协商改善家庭与服务提供方问题的沟通。若评估时确定为非个案管理者能解决的问题，则应将其转介给专业团队内其他成员或于外在环境的其他系统寻求协助。

当外在环境对家庭的合理权利及要求造成威胁，或因资源供给不合理而导致无法对服务对象提供支持时，个案管理者必须通过倡导工作替家庭向相关系统争取资源，以保障家庭的合法权益并获得合理的资源及服务。如认为有特殊需要的儿童的轮候服务期过长，则可通过倡导工作以唤起社会关注并增设学位，如此则有助于儿童尽早获得接受服务的机会。

（5）组织协调：个案管理者是家庭成员与资源提供者之间的协调人。在联系工作完成后，个案管理者必须负责确保家庭的资源持续适切地被运用并随时查看资源是否有效地协助了家庭成员。在这个过程中，个案管理者需要不断通过对家庭的情况的监察及评估，做出必要的调整。当家庭的问题较为复杂，需要多个资源系统或不同专业机构合力协助时，个案管理者便应该从中协调，通过扩大专业团队更进一步地推进工作。相反，如果发现家庭的问题得到了解决，或者观察到家庭成员之间已建立了相互信任、合理分工的合作关系，已能应付所面对的生活压力，个案管理者则可考虑让服务进入结束阶段。

（6）结束关系：以渐进方式结束个案管理关系，是社会工作的重要原则之一。如出现下述情况中的一种时，作为个案管理者的社工，便可考虑结束服务。包括当家庭获得有效资源，家庭所需解决的问题逐一减少或得到解决时；或当服务计划中所订定的目标相继实现，家庭成员可自行运用资源并有动力面对未来的问题时，便可考虑让个案进入结束阶段了。

虽然每位有特殊需要的儿童及其家庭都具有独特性，其需要及处理方式也有所不同，但其皆是个案管理者可以通过与专业团队的协作，依据对有特殊需要的儿童及其家庭独特性的分析，协助其家庭成员去面对和解决的。因而，若能建立一套标准化的个案管理信息系统，便能在减少繁杂行政流程影响的同时，将个案信息标准化地输入信息管理系统，以便查阅，从而有助于新入职的个案管理者依据标准化的流程开展工作。

  这个标准化的个案管理系统，可按机构需要，根据不同服务的性质，量身定做，并借助多种媒体技术储存。例如除照片和家庭关系图之外，还可以提供完整的分析、报表及查询功能，以便机构或个人快速精确地获取所需数据。建构个案管理数据库的目的，是掌握个案动态并建立个案追踪机制及跨区资源网络、个案转介与监管体系，以便进行分析、统计和督导。此外，机构可按数据分析进行统整，以便其能作为社会服务行政工作的有机组成部分，而其重要内容是，建立个案管理系统并对其与社会环境之间的关系展开分析，从而确定社会需求，确立机构发展目标和发展方向，建立机构管理和运行架构及管理、财政、督导及监察制度。

4.3.2 实务工作者

1. 实务工作内容

在支持和协助家庭成员应付有特殊需要的儿童的困

学前发展障碍儿童康复社会工作

难及压力时，社工所能提供的直接服务包括个案、小组及社区工作，了解家庭与环境的互动，协助家庭里的每一位成员及家庭整体适应其所在的社会环境，增强或恢复其社会功能，争取社会条件的改善，让有特殊需要的儿童及其家庭融入社会，以预防或舒缓社会问题（NASW，1982）。

社工的个案工作以有特殊需要儿童的发展为前提和出发点，目的是协助有特殊需要的儿童及其家庭增强个人能力及社会功能，促使他们参与社区生活并适应社会环境。为此，社工应依据个别家庭的需要为其提供支持，以使他们的需要得到满足，同时促进有特殊需要的儿童及其家庭与社区人士相互融合，从而帮助有特殊需要的儿童发展及成长。除以个案跟进的方式介入并协助家庭外，社工还可以小组及社区工作的方式介入，以有效帮助有特殊需要的儿童及其家人面对压力和克服困难。

小组工作是鼓励家庭参与不同类别的互动小组，通过教育提升其个人或家庭能力，并让其在与组员的群体互动中分享资源，形成相互支持及互助网络，以整合和运用合适的资源，建立正面的态度以面对问题并共同提升其面对生活压力的能力，从而将其对有特殊需要的儿童及其家庭的影响降至最低，以便他们有动机寻求生活的意义。

社工的社区工作，是通过倡议间接地提供服务，即通过引发对社会议题的讨论、社会政策及立法游说和监察，引起社会人士对有特殊需要的儿童及其家庭的关注，并在配合政策制定，保障弱势群体权益的基础上，帮助有特殊需要的儿童及其家庭融入社会，以建立公平正义的和谐社会。在社区工作过程中，促使有特殊需要的儿童及其家庭参与社区生活，让其与社区直接接触，由他们以当事人身份讲述情况，以便社会人士更能了解他们的需要及困难，从而唤起社会对他们的关注，是十分重要的社区工作内容。

2. 实务工作者的个案工作

个案工作是以"一对一"的直接面谈方式，了解及分析个人及其家庭的需要及困难，以科学的人际关系知识及改善人际关系的专业技巧，依据个案的个别需要订定不同的直接服务，并运用社区资源帮助个案解决问题。致力于启发及调动个案的个人潜能，使案主及其家庭与其环境相互适应，使其能面对及解决个人及其家庭自身的问题并提升适应能力，是个案工作的重点和着力点（Lishman，1991）。

家庭是天然的组织，它为有特殊需要的家庭成员提供了一个成长和治疗的自然系统和互动发展模式，是形成家庭结构，确定家庭成员功能的基础（Minuchin &

学前发展障碍儿童康复社会工作

Fishman，1981）。婴儿在初生时，其各方面的能力均未被建立起来，因而需要家长及其他家庭成员为其提供全面的照顾，让婴儿的经验及能力得以全面发展（IDEA，2004）。如果婴幼儿在成长过程中被发现是有特殊需要的儿童，其父母及其他家庭成员必然会受到打击并会不同程度地感受到压力及恐惧。事实上，家庭成员的个人压力并非只来自其自身，与个人相关的外在环境也是压力的重要来源，尽管如此，影响最大的依然是家庭这个自然系统。故而在处理家庭成员照顾有特殊需要的儿童的压力时，社工应以家庭这个自然系统为出发点，从改变家庭内部组织及互动关系着手，使家庭成员的生活发生相应的变化，以便家庭成员相互支持及配合，令家庭功能有效发挥，从而共同面对家庭中有特殊需要的儿童所带来的压力。在个案工作中，社工应担当起不同的角色，以协助家庭成员面对照顾有特殊需要的儿童的压力并提升他们的社会功能，从根本上帮助他们解决和预防有特殊需要的儿童的成长及未来发展、个人情绪及体能上的压力、儿童照顾及培训技巧、家庭经济压力、家庭分工、生活模式改变、社区参与、社会歧视等问题。在个案工作中，社工的具体角色又可分为咨询及辅导者、教育及使能者、协调及调解者（Dorfman，1996）3种。

（1）咨询与辅导者——在建立关系阶段，社工在个案工作中是家庭个案的管理者和家庭疑惑的咨询者。因为在这一阶段，有特殊需要的儿童的家庭成员，对有特殊需要的儿童的认识不多、理解不够，故而会因对将来可能面对的问题及压力产生负面情绪。因此，社工应让他们尽情地表达他们的担心并耐心地解答他们提出的问题，对他们的疑问进行耐心地解说，以在情绪上为他们提供支持，协助他们面对负面心理反应。在服务过程中，社工应以同理心和不批判的态度倾听，并在对其家庭成员予以理解和体谅的基础上，准确评估其个人感受及家庭功能，进而通过良好的沟通，与家庭成员建立起相互信任关系，让家庭成员感到不再孤单。与此同时，社工还应从他们所表达的内容中寻找其优点加以赞赏，并根据他们的需要提供相关信息，以减少他们的疑问。

在清楚地掌握有特殊需要的儿童的家庭情况后，社工应协助其家庭成员调适其面对有特殊需要的儿童的态度，化解他们之间的冲突，接受家中有这个有特殊需要儿童的现实，让家长担当起舵手角色，以便其在社工的陪伴下，为运用个人及外在资源面对未来可能的挑战做准备。社工提供所需的信息，包括社区资源，有助于减轻家庭成员的心理压力并增强其解决问题的动力，使其更有能力专注并处理可能出现的问题。

（2）教育及使能者——除在办公室和家里与有特殊

需要的儿童的家庭成员面谈外，通过家访，社工更能了解其家庭背景、文化背景、家庭成员与儿童的相处方式及对儿童的期望等，教导他们如何在家里营造学习环境并掌握管教技巧，以帮助儿童发展。作为家庭生活教育者的社工，可以通过对实际环境的观察，了解家庭成员间的相处模式和互动关系，从而借助亲职教育，协助家庭成员学习和掌握照顾和教养孩子的相关知识及技巧，并且支持和鼓励他们把所掌握的相关知识与技巧，运用于解决其所面对的困难和问题，通过在实际环境中体验和实践，让家庭成员变失望为希望，从而改变和提升其改善现状的动机。与他们共同寻找并建立新的亲职关系模式，促使他们自行发现解决问题的方法，重新检视其自身的知识及技巧，提升正能量并有效调动他们的个人能力及资源，包括提升个人能力、重组家庭角色分工支持网络、重组和强化家庭系统、建立跨代乃至亲友支持网络等，可以充分发掘他们的潜能，增进其解决问题的效能、正面处理问题的能力，以改善其家庭关系，促使家庭成员间建立互相支持关系并强化家庭功能。

（3）协调及调解者——社会结构问题和资源的不足，是导致家庭功能丧失的根本原因。因此，社工需要协助个案家庭争取权利，以提升其解决问题的能力。评估家庭需求与资源，不能仅限于家庭自身，还应对外在的环境资源进行评估，主要包括了解社区现有资源的使用资格和限制，以便在需要时协助家庭链接所需要的社区资源并加以利用。对此，社工应运用行政沟通和协调技巧，协助家庭有效获得所需的资源和服务，以解决其所面对的问题。此外，社工还应定期检视资源运用情况，以确保家庭更有动力去面对及应付问题。

当家庭在使用资源方面发生冲突时，社工应以协调者身份，调解资源系统之间或资源系统与家庭之间的冲突。当某些因素导致家庭无法获得相关机构的服务时，社工应作为联络人，为二者提供讨论的机会，以寻求双方都能接受的解决办案。在协助不同个案时，社工应充当中立者角色，在倾听双方说法并了解事实的前提下，运用妥协、谈判等技巧，澄清双方的误会，处理好双方的负面情绪，重新建立双方的沟通和服务管道，按需要安排相关专业机构，如医院、学校、福利部门等，定期与家庭成员面谈协商，以便使双方了解对方的立场和想法，并在以有特殊需要的儿童的需要为前提的情况下，让家庭与专业团队建立平等的合作关系，从而减少误会并在家长参与并表达要求的条件下，共同为有特殊需要的儿童订定一致的训练目标及发展方向，让家长实施并成为子女管教的专家，从而采用家庭与专业团队合作的模式，一致及全面地协助有特殊需要的儿童提升能力

(Turnbull et al.，2000）。

3. 实务工作者的小组工作

（1）小组工作类型及发展阶段——在小组工作中，社工是通过小组或团体互动为小组成员提供直接服务的。小组工作的目的，除利用参与小组的特定成员，共同订定小组的目标及方向，并借助群体互动合作、相互交流达成目标之外，还应利用互动过程中的互相影响，发挥社会教化作用，以促进小组成员在认知、情绪、行为、社交等方面的发展及成长，从而使其个人问题得以解决。此外，小组工作还应通过发展组员间及小组与外部世界的社会关系，强化支持网络，促使家庭成员发挥及实践社会功能，让有特殊需要的儿童及其家庭融入社会，从而减少社会分化（Zastrow，2010）。小组工作类型大致包括：

- 发展小组。通过游戏活动，发掘组员在特定范畴内的兴趣，使其在轻松的环境中学习，以便让其感知生活的意义，从而促使其发展个人的兴趣及能力，如各项儿童兴趣小组活动。
- 行为修正模式的治疗小组。让有相同问题的群体一同学习并寻找解决问题的方法。这种小组活动运用社会学习理论，通过群体里个人的不同表现互相学习，并利用奖赏物，诱导个人提升其学习动机和解决问题的能力。

- 互动模式的互助小组。面对相同问题的组员，通过朋辈间的互相支持及鼓励，互助解决组员各自所面对的问题，以提升个人的自我肯定及价值，例如自闭症儿童家长小组、唐氏综合症患者家长小组等。
- 组织模式的义工小组。基于义工们之间的能力差异，让其在合作过程中互补不足，从而发掘出个人的社会功能并提升个人价值，以减少社会隔膜，例如在子女就读的特殊幼儿中心，以协助教学工作为目的组成家长义工小组。
- 预防性的亲子小组。在亲子关系尚未被瓦解前尽早提供介入服务，通过活动让家长与子女互相了解并相互欣赏，以便让其学习和掌握相处技巧，从而建立正面关系以互相支持。在这个小组里，家长们还可以通过互相交流心得体会而互相学习（吴等，1995）。

小组的发展，可分为以下 5 个阶段（Tuckman & Jemsen，1977）：

- 形成期。互相认识、界定角色、提出问题、定义目标与任务。
- 风暴期。各抒己见、呈现意见分歧并让其产生冲突、权力运作、沟通尊重、检视调解状态。
- 规范期。清楚职责、了解他人、明确目标、建立团队、任务为先、目标第一。
- 表现期。完成任务、厘清角色、吸收新血。
- 散会期。另一发展开始、结束或转换。

社工在小组内担任的角色,除了为每一位小组成员提供咨询辅导、教育使能及协调调解等角色外,其更重要的角色应该是促进者,即针对小组发展不同阶段出现的情况,协助建立及发展小组内组员间的信任、互动行为及关系,使小组发挥其良好效能,以强化其互动功效,令小组及组员个人都得到全面的发展及成长(Wasserman & Danforth,1988)。

(2)小组发展的促进者——在小组活动的不同阶段,除了促进组员个人的改变及成长外,小组自身的发展,亦是社工介入的非常重要的目的。通过促进组员间的互动、沟通、交流,增进小组的凝聚力,以便共同面对及解决问题,让小组功能得以发挥,从而更有效地协助组员的发展及成长(Shulman,1992),是小组自身发展的本质。

- 分享经验。在小组初建阶段,社工必先为小组组员解除心防,消除组员的不安感及恐惧感,营造安全的环境。因而可通过"破冰游戏"令大家互相认识及了解，并在订定小组方向及目标的过程中，慢慢建立简单的互动关系，以便让组员充分发挥所长，适时引导他们进行良性沟通，让每位组员充分了解自己所担负的使命及小组的目标，从而引导组员分享知识、经验及生活智识，让组员各自依据自己的需要从获取的信息中受益。此时，社工参与其中，除可以为他们增加信息外，也是对组员的一种鼓励而且还可以起到示范作用。

- 讨论过程。在小组及职员关系初步建立起来后，社工应鼓励每一位组员在小组内表达自己的内心感受，让其坦诚地交换意见并展开讨论。这样做的目的，除了扩阔彼此的经验和思维外，更重要的是寻求彼此认同的结论。但在讨论过程中，组员难免会因应个人喜好而表现出各自的立场，而且因组员个体差异的存在，并都有独立思维的能力，故而容易出现对立意见并可能会因坚持己见而产生冲突。因而，社工必须先建立及巩固组员间的互信并让其建立起相互尊重关系。此外，还应让组员以开放的态度，聆听其他组员的意见。在这一过程中，社工应适当介入并起带头作用，通过与组员分享对冲突事件的认识并重新检订小组的意义，引导组员分享参与小组的经验，以开放的态度，提出建设性意见，以便引导组员共同面对冲突，如此则有助于组员冲破人际关系障碍，拉近组员间的距离。

- 同坐一船。冲破沟通障碍，不仅能拉近组员间的距离，而且还能让彼此有更深一层的了解，从而会因共同的目标、需要或处境而让组员构成同舟共济的关系，提升相互间的认同感。在此过程中，社工应让组员明白，小组互动有助于发挥组员集体的力量，因而组员间的相互体谅，并在情感上形成相互支持关系，是组员间相互认同并形成共识的基础。而其在出现分歧时形成的情绪支持则有助于发展默契的小组工作模式，提升小组决策及共同面对问题、解决问题的能力。这些对于组员专注于发展目标，有效完成任务，增强小组凝聚力及自行化解冲突的能力，均有明显的裨益。
- 共同尝试。组员可在小组内合力探讨并共同尝试一些处理问题的方法和技巧，以应用于处理自身的问题。为此，社工应为小组建立一个安全的环境，令组员勇于尝试。同时，社工应支持组员提升自行解决问题的动力，或协助他们合力争取集体权益并表达共同诉求，从而让组员感受到小组的集体力量。在这一环节中，社工只需适当保持监控并协助解决突发问题，推动小组及组员个人自我成长和发展，由此而从根本上减少组员对社工的依赖。

- 个人问题解决。针对共同关注的问题，通过在小组中的共同探讨及分享，令每位组员反省其个人经验，借此扩阔组员对问题的理解和共同感受，是小组活动的根本目标。在这个过程中，组员将通过参考别人的经验进行深入的反省，并在个人动力的驱使下学会自行解决个人问题。

在小组发展的整个过程中，社工的角色是不断转变的。在小组发展初期，社工是主动及积极的角色，但随着小组的日趋成熟，社工的主导角色便会逐渐淡出，其在协助小组进行检讨后，小组的领导角色就会被转移给组员，让组员在原定目标的引导下，共同解决小组的发展问题。通过订定新的目标及发展方向，组员可自主决定小组的解散或转换。如此，组员个人便获得了成长或改变。

（3）小组实务工作案例（A）——儿童健乐会。

"健乐"一词从英文 Gateway 翻译过来，Gateway 一词的原意是指一条通道，应用于健乐运动方面，则指连接伤健人士的通道，即通过融合活动，建构一个全纳社会。1966 年，健乐运动起源自英国，其在香港亦已推行 30 多年了。健乐运动通过不同形式的活动，推广着"平等""机会"及"融合"精神，促使公众接纳有特殊需要的人士成为社会之一分子。

儿童健乐会建基于平等、机会、融合的理念。参与社会活动是有特殊需要的儿童的基本权利，而让他们在群体生活中得以成长，是健乐运动的根本目标。为提升有特殊需要的儿童的社交能力并促使他们融入社群，香港协康会在 2002 年成立了儿童健乐会，其目的是为有特殊需要的儿童构建更缤纷多彩的成长空间，让其与健康人士携手迈进无障碍世界（协康会，2006）。

香港协康会儿童健乐会健乐运动的服务内容包括为弱能儿童提供多元化的文娱、康、体、艺、社区适应及共融活动，以促进其个人发展并融入社区生活，同时为弱能儿童家庭提供亲职教育及支持服务，推广社区教育及义工服务，促进伤健共融。接下来我们将对儿童健乐会开展的健乐运动的具体内容详述如下：

- 培育个人发展。通过不同的小组活动，增进参加者的生活技能及人际关系，锻炼其独立自主

的能力。这类小组活动包括,

※ 兴趣小组,即通过小组游戏活动,发掘儿童在特定范畴内的兴趣,让其于轻松的环境中学习,从而赋予其生活的意义并强化个人兴趣。

※ 社交及游戏小组,即通过建立朋辈网络,让儿童学习与人相处技巧、自我表达及聆听技巧、守规则及专注能力,同时通过游戏掌握互动关系和社交礼仪,学会处理冲突及控制情绪。

※ 体艺发展小组,其中还可包含一些专业技巧训练小组,目的是提升儿童在某一方面的技能。

※ 治疗训练小组,即就儿童的特殊需要,以专业训练方式加以培训从而提升其个人能力及专注度,同时通过组员互动和互相激励,让其在与其他小朋友的合作中,学习与人沟通、分享的技巧。

- 健乐家庭支持服务。为有特殊需要的儿童的家长建立支持网络,并按不同类别的特殊需要,分类组建不同的家长支持小组,以"同路人"的互相分享及支持协助,提升他们面对因长期照顾有特殊需要的子女而引致的压力;通过社工提供的教育及信息,让家长在参与过程中加强对有特定特殊需要的儿童的情况及不同发展阶段需要等问题的认识;提供技巧训练,以加强家居训练技巧；通过分享面对问题及解决问题的经验，让家长互相学习以提升其解决自身问题的能力及技巧；不局限于中心小组模式，而是更多地通过组员间的互相探访或户外活动，让其加深对彼此的了解，进而在日常生活中体验及分享经验；通过鼓励家长参与特殊幼儿中心的义工服务，了解不同有特殊需要的儿童的情况，让其在实践中提升照顾技巧及能力，建立正面价值观，拉近与中心的距离。

健乐家庭支持服务亲子小组，是儿童健乐会不可或缺的组成部分。该小组是让亲子一起参与小组的游戏活动，其除了为有特殊需要的儿童提供治疗和技巧训练外，还在愉快的气氛中，让家长感受子女的进步，引导家长学会欣赏子女，促使家长在与子女的互相认识及了解的前提下消除隔膜；在陪伴子女成长的过程中互相学习相处之道。亲子小组的基本理念是，通过建立亲密的亲子关系，让家长与其子女同时发现自己的优势，从而增强自信心。此外，亲子小组还通过家长间的互相观察及互动交流，达到共同提升管教能力的目的。

- 健乐社区融合计划，内容包括通过与社区内的不同学校、社区团体、企业义工队的联系，运用地区资源，建立义工小组网络；通过组织义工到特殊幼儿中心，在义务服务过程中与有特殊需要的儿童互动，让其了解有特殊需要的儿童的特性及需要，提升其包容、接纳、服务社会的精神；让有特殊需要的儿童与社区建立联系并相互认识，从而使有特殊需要的儿童及其家长不再害怕与社区人士接触，进而更为积极主动地参与社区生活，以实际行动实践社区共融理念。在参与服务的过程中，义工还可以发展其组织及领导才能并在认识有特殊需要的儿童后，按其个人喜好及专长，在义工小组内担任不同角色，计划及推行社区教育活动。此外，他们还会以过来人的经验，利用活动与更多的社区人士交流分享其接触有特殊需要的儿童前后的变化，进而促使更多的社区人士认识并接纳有特殊需要的儿童，身体力行地实践社区共融理念。

（4）小组实务工作案例（B）——SMART爸爸俱乐部。在培育子女成长的过程中，爸爸通常充当着非常重要的角色。若子女有发展障碍，爸爸的育儿压力便会更加沉重。有见及此，香港协康会于2000年1月成立了爸爸俱乐部，其目的是鼓励父亲们互相分享感想并交流育儿心得，促使其发挥自强及"助人自助"精神。2011年9月香港协康会将服务推展至所有家庭资源中心，易名为SMART爸爸俱乐部。

- 使命，包括Support（支持，即让爸爸在俱乐部中能够获得支持及鼓励）；Mutual Aid（互助，即促进爸爸之间互相分享及帮助）；Resource（资源，汇聚资源，帮助爸爸掌握育儿知识及技巧）；Tender（亲切，即让爸爸俱乐部像一个大家庭，给爸爸以亲切和温暖的感觉）。

- 服务内容，包括让爸爸们除了能在俱乐部获得相互支持、分享并汇聚资源之外，更重要的是，俱乐部为爸爸们建立了一个大家庭，其在给予他们亲切温暖的感觉的同时，促进了爸爸们的相互联系。SMART爸爸俱乐部所提供的服务内容有：让爸爸讲座及工作坊（通过不同主题的讲座及分享会，让爸爸们提供互相交流及分享心得的机会，使他们增进彼此的沟通）；亲子小组（通过亲子游戏小组，强化爸爸与子女之间的沟通及互动）；夫妇活动（通过小组及闲暇性活动，强化夫妇之间的沟通和感情）；家庭活动（定期举办家庭活动，促进亲子沟通并加强家庭间之认识，协助建立和谐家庭）；爸爸咨询及热线服务（提供与发展障碍人士有关的服务数据、育儿知识及技巧咨询，解答爸爸的疑问）；SMART爸爸俱乐部网站（通过网站信息让爸爸了解俱乐部的最新动向）；《SMART爸爸俱乐报》是一份由爸爸执笔、与"同路人"分享心声的刊物。其通过对不同主题的探讨，让爸爸们分享自己的想法并获得彼此的鼓励和支持，感受来自SMART爸爸俱乐部的关爱。

（5）小组实务设计案例（A）——"教得其乐"家长管教技巧课程资料：

"教得其乐"家长管教技巧课程，专为有特殊需要的学前儿童的家长而设，由协康会、香港理工大学和香港大学于2014年共同研发，是香港首套本土化且具首创实证研究为基础的亲职教育课程。

- 课程目标包括让家长学习管教与教导有特殊需要的儿童的技巧与方法，提升父母的自信心；减少儿童的行为问题，减轻父母的管教压力。
- 对象是有特殊需要的儿童的家长。
- 课程时间——共8节，每节两小时。
- 课程框架如图4-2所示。

培养良好行为
以鼓励及教导形式培养特殊需要儿童的良好行为

处理问题行为
以较正面的方式处理特殊需要儿童的问题行为

建立关系+基础理论
以良好的亲子关系及装备基本的管教理论知识为基石

综合管教计划
以特殊需要儿童不同的高危情况为例子,将课程内容整合为综合管教计划

图 4-2　家长学教课程框架

● 课程内容(见表 4-2)。

表 4-2　家长学教课程的具体内容

课程结构	课程内容	管教技巧
建立关系 + 基础理论	第一节　良好的亲子关系	1. 与孩子谈天 2. 与孩子玩耍——开心摇摇板
	第二节　ABC 行为分析	3. ABC 行为分析与行为记录
培养良好行为	第三节　鼓励良好行为	4. 赞赏孩子 5. 奖励孩子 6. 好孩子计划
	第四节　"我都做得到!"	7. 系统化教学 8. 教导技巧 9. 活动时间表

续上表

课程结构	课程内容	管教技巧
应对问题行为	第五节 预防问题行为	10. 环境调节
		11. 家有家规
		12. 精简指令
		13. 表达及应对情绪
		14. 替代活动
	第六节 处理问题行为	15. 干预不当行为
		16. 忽视不理
		17. 自然后果
		18. 暂停享乐
		19. 承担责任
	第七节 停想时段与隔离区域	20. 停想时段及隔离区域
管教计划	第八节 订定综合计划	

● 教学流程如图4-3所示。

内容回顾	家课分享	内容讲解	练习介绍	技巧演习
重温上一节的内容	请家长分享进行上一节亲子练习时的经验及所遇到的困难，导师会解答家长的疑问	讲解本节的内容，介绍不同的管教技巧	介绍未来一周家长需完成的亲子练习，每天约需10分钟	通过导师示范，及角色扮演，参加者更能掌握各练习的步骤，在家中进行亲子练习时能更顺畅

图4-3 家长学教课程教学流程

- "教得其乐"研究计划及结果——研究背景，本研究由协康会、香港理工大学、香港大学共同进行，藉比较实验组及对照组参与者于小组前后的亲职压力，以及其子女行为问题的严重性，研究"教得其乐——家长管教技巧课程"的成效；研究场所，协康会6所早期教育及训练中心；研究对象，共120位育有特殊需要学前儿童的家长参与，随机分为实验组与对照组；研究结果，本课程令参与者的亲职压力以及其子女行为问题的严重性显著下降，跟进调查结果显示，完成课程3个月后，课程成效仍能得以维持。

- 研究团队，梁敏教授（香港理工大学应用社会科学系），曾洁雯博士（香港大学社会工作及社会行政学系副教授），陈鉴忠先生（协康会教育心理学家），游薇薇（教育及儿童心理学硕士），林天丽（教育及儿童心理学硕士）。

（6）小组实务设计案例（B）——"心宽欢"家长静观体验课程——

- 课程研究简介：协康会联同香港城市大学共同研发"心宽欢"家长静观体验课程，目的是让家长通过体验课程，体验静观的好处，在帮助家长纾缓压力、提升家庭幸福感的过程中，增强家长参与正规静观课程的动机。

"心宽欢"共有6个课程单元，每星期一个单元，每个单元1.5小时。此外每天还有10～15分钟的在家静观练习。本课程旨在鼓励家长照顾自己的需要，内容设计主要参考静观减压课程（Mindfulness-Based Stress Reduction program，MBSR）和静观认知疗法（Mindfulness-Based Cognitive Therapy，MBCT）以及静观育儿五大范畴中的部分内容。

表4-3 "心宽欢"家长静观课程框架

课程目标	主题	静观练习
1. 知己知彼	学会活在当下、觉察身体	葡萄干练习 身体扫描
2. 静观其变	在动态中觉察	身体扫描 伸展练习 探索快乐事件
3. 境随心转	静观可以帮助我们体验影响对事物反应的那些念头	伸展练习 静观呼吸 静观步行 探索压力事件

续上表

课程目标	主题	静观练习
4. 反应、响应	借助静观觉察自己在压力中的反应，然后选择如何做出响应	静观呼吸与身体 不愉快事件分享 冰块挑战（一种体验活动，其做法是让参与者将冰块放在自己手中并集中注意力体验其给自己带来的不舒适的感觉） 呼吸空间
5. 照顾自己	照顾自己的需要，培养对自己和孩子的慈爱之心	祝福练习 照顾自己的计划
6. 同行一生	将静观带进日常家庭生活中	未来静观练习计划

● "心宽欢"家长静观体验课程——小组资料——

家长静观课程发展小组于2013年成立。2015—2016年在香港6个地方举办课程小组。共有180名家中育有特殊需要的儿童的家长参加。参加者平均年龄为38.8岁，其中94%的参加者是母亲，其孩子的平均年龄为5.2岁。其中的56.7%患有自闭症、28.3%患有发展迟缓症、6.7%患有专注力不足/过度活跃症，其余则为有其他发展障碍情况者。

- 课程结果——研究以随机对照试验方式进行，180名参加者被随机分为实验组和对照组。实验组有91人，他们会在课程前和课程后填写问卷；对照组有89人，他们会在同样时间填写问卷，虽然不会参与课程，但事后会参与补偿的静观工作坊。

以变异数分析方法比较实验组和对照组课程前后的问卷结果后发现，实验组的参加者在完成课程后，其整体的育儿压力（F = 4.76；p = 0.03）、亲子互动（F = 6.46；p = 0.01）及抑郁症状（F = 8.07；p = 0.01）都有显著改善（见表4 - 4）。

表4 - 4 "心宽欢"家长静观课程结果变异数分析

	实验组 (n=91)		对照组 (n=89)		F	p	d
	前测 平均数（标准差）	后测 平均数（标准差）	前测 平均数（标准差）	后测 平均数（标准差）			
整体育儿压力#	118.88 (19.11)	112.40 (19.45)	119.55 (22.43)	117.74 (21.02)	4.76	0.03	0.34
亲子互动#	37.71 (6.77)	35.72 (6.26)	37.29 (6.38)	37.31 (6.86)	6.46	0.01	0.38

续上表

	实验组 (n=91)		对照组 (n=89)		F	p	d
	前测 平均数(标准差)	后测 平均数(标准差)	前测 平均数(标准差)	后测 平均数(标准差)			
抑郁症状##	23.24 (9.40)	19.67 (8.70)	21.75 (10.34)	21.47 (9.96)	8.07	0.01	0.41

\# 以 Parenting Stress Index – Short Form（Abidin, 1990）测量。
\## 以 Center for Epidemiologic Studies Depression Scale（Radloff, 1977）测量。

● 课程发展小组成员——卢希皿博士（香港理工大学应用社会科学学系），司徒妙萍女士（协康会区域经理），陈鉴忠先生（协康会教育心理学家），陈映霞女士、方素碧女士（协康会中心主任）。

（6）小组工作实务设计范例之三——亲上加亲一家人小组——

● 小组名称：亲上如亲一家人。

● 小组目标：让家长懂得如何平衡子女间的关系；让家长懂得如何与特殊儿童的兄弟姐妹建立良好的关系；让家人（父母、特殊儿童及其兄弟姐妹）能共享温馨的亲子时刻。

● 小组内容（见表4–5）。

表 4-5　亲上加亲一家人小组内容

节数	目标	内容
第一节	主题：知己知彼	
	■ 互相认识并了解对小组的期望及内容 ■ 让家长掌握自己孩子的特性 ■ 知己知彼大跃进	■ "你点我又点"热身游戏 ■ "写出我心意"——表达对小组的期望 ■ 问卷调查 ■ 游戏： ● 画出不同动物来代表自己和家中成员 ● 两人为一组，描述彼此间的异同之处
第二节	主题：如何平衡子女间的相处（Ⅰ）	
	■ 如何增进其兄弟姐妹对特殊儿童的认识及了解其困难 ■ 父母如何对特殊儿童的兄弟姐妹建立适切的期望	■ 加重负担 ■ 分组——分享困难及可行的解决方法 ■ 分享——表达对特殊儿童与其兄弟姐妹与特殊儿童之间适切关系之期望 ● 角色扮演／个案研讨
第三节	主题：如何平衡子女间的相处（Ⅱ）	
	■ 了解兄弟姐妹间相处的情况	■ 重温上次课程的内容 ■ 分组分享——两人一组，在分享兄弟姐妹间融洽相处及争吵的情形后再做报告

续上表

节数	目标	内容
	■ 如何化解孩子间的冲突	■ 短讲 ■ 运用
	建立有效的沟通讯息方式	个案研习及练习
第四节	主题：家长如何与特殊儿童的兄弟姐妹建立良好关系	
	■ 建立良好亲子关系的元素	■ 拼图游戏及分享
	■ 如何建立有质量的亲子时间	■ 亲子游戏介绍
	■ 表达对特殊儿童兄弟姐妹的关爱	■ 制作小礼物
第五节	主 题：共享温馨的亲子时刻及总结检讨	
	■ 与孩子建立温馨时刻	■ 户外活动
	■ 总结及检讨	■ 分享及填写检讨表

● 亲上加亲一家人小组课程安排（见表4-6）。

表4-6 小组每节计划书

第一节

时间	目标	内容及推行方法	物资	人员
10:00~10:30	互相认识 了解对小组的期望及内容	主题：知己知彼 ● "你点我又点"热身游戏 ● "写出我心意"——表达对小组的期望	纸笔	社工
10:30~10:45	让家长掌握自己孩子的特性	问卷调查	问卷、笔	社工
10:45~11:25	知己知彼大跃进	游戏： ● 画出不同动物来代表自己和家中成员 ● 两人为一组，描述彼此间的异同之处	画纸、颜色笔	社工
11:25~11:30	巩固本节内容	总结		社工

第二节

主题：如何平衡子女间的相处（I）

时间	目标	内容及推行方法	物资	人员
10：00～10：05	温习上次内容			
10：05～10：40	如何增进其兄弟姐妹对特殊儿童的认识并了解其困难	● 加重负担 ● 分组：分享现在所用的方法；所遇到的困难；探讨有关的解决方法	大画纸2张，水笔2～3支	社工
10：40～11：15	父母如何对特殊儿童的兄弟姐妹建立适切的期望	● "情深款款"寄孩儿——用纸写下对孩子的期望 ● 分享——表达对特殊儿童与其兄弟姐妹之期望，包括生活技能、学业成就、工作成就及社交等 ● 角色扮演／个案研讨（见附件F-D-01）	信纸、颜色笔	
11：15～11：30	巩固本节内容	总结		社工

第三节

主题：如何平衡子女间的相处（Ⅱ）

时间	目标	内容及推行方法	物资	人员
10:00～10:20	了解特殊儿童兄弟姐妹间相处的情况	● 重温上次内容 ● 分组分享，两人一组，分享特殊儿童兄弟姐妹间融洽相处时及争吵时的情况并简单报告		社工
10:20～10:55	如何化解孩子间的冲突	● 短讲（原因、行为及如何做出适当的回应，20分钟） ● 生活运用（20分钟，附件F-D-02）	笔记	
10:55～11:25		个案研习及练习（附件F-D-03）	个案情境2个	
11:25～11:30	巩固本节内容	总结		

第四节

时间	目标	内容及推行方法	物资	人员
	主题：家长如何与特殊儿童兄弟姐妹建立良好关系			
10:00～10:05	重温上次内容			社工
10:05～10:35	建立良好亲子关系的元素	● 拼图游戏及分享——分两组同时进行，每组通过合作完成拼图，在组合的图画中已印上了有关的元素；完成后组员仍分两组，以其中的元素为主题展开讨论，并选取一个自己较易或较难的让组员分享；做简单汇报 2. 家课跟进（附件F-D-04）	拼图2份	社工
10:35～11:30	表达对特殊儿童兄弟姐妹的关爱	制作小礼物——曲奇饼制作	制作材料及用具	社工
	如何建立有质量的亲子时间	简单亲子游戏介绍——2～3个手指游戏（附件F-D-05）		社工

第五节

时间	目标	内容及推行方法	物资	人员
		主题：共享温馨亲子时刻及总结检讨		
10:00~2:30	与孩子建立温馨的时刻	户外活动——上午集体游戏；下午自由活动时间	亲子游戏物资	社工
2:30~3:00	总结及检讨	分享及填写检讨表	检讨表、笔	社工

● 评估方法/评估工具——完成小组后会用问卷调查组员在认知及应用方面的改善情况。

附件 F-D-01 个案研习
——对特殊儿童与其兄弟姐妹的期望

有特殊需要的儿童，4岁，被诊断为整体发展迟缓，手肌弱，依赖他人，在与人相处方面，不时与人发生争执，少眼神接触，表现自我。

哥哥，8岁，品学兼优，为人活泼，爱好为拼模型。

情境：黄昏时妈妈在厨房预备晚餐，哥哥在房内做功课，有特殊需要的儿童在厅中玩积木，并不时要求母亲陪他玩，开始时母亲会陪他玩一会儿，后来因为母亲要求有特殊需要的儿童的哥哥与他玩，但哥哥表示想完成功课，因为哥哥的功课不多，母亲表示可留待饭后再完成，现在要先满足其弟的要求，以免他不停地骚扰母亲。

研讨问题：

- 在此情境中，母亲对孩子有什么要求？
- 哥哥给母亲的响应是否合理？
- 如何调校母亲对兄弟的期望，母亲可以如何响应？

附件 F-D-02　破解孩子间的冲突
——生活运用
（可在适当位置上画上"／"）

序号	情境	集中处理行为	集中处理情绪
1	你为什么和别人打架，知不知道打架是不对的啊？	☐	☐
2	好啦！你喊了很久了，赶紧闭嘴吧！	☐	☐
3	我不喜欢你对老师这么没礼貌！	☐	☐
4	我看到你老盯着小明，似乎你不太喜欢他。	☐	☐
5	这么不小心，为什么把水倒得漫出来了啊？	☐	☐

附件 FD-D-03　家课

情境（一）：姐姐明怡与弟弟明辉在公园玩，大家一起玩捉迷藏，最初由姐姐捉弟弟，当姐姐捉到弟弟时，弟弟就马上发难，大哭起来，姐姐向母亲提出控诉。母亲见状，走过来向姐姐解释说弟弟年纪小，姐姐应该迁就他，而且都是闹着玩的，姐姐不需太过介怀，重来一次就行啦。

你觉得母亲的处理方法如何？

情境（二）：安安现年3岁，平平现年9岁，平平在做功课的时候总是被安安骚扰，故每次平平见到安安想过来的时候，便会大声喊叫，"妈妈，这可咋办啊？"

附件 F-D-04　建立良好亲子关系的元素——家课

在与孩子相处时，如果用到下列元素，请在空格内打上√号。

元素＼日期	星期一	星期二	星期三	星期四	星期五
尊　重					
爱　心					
忍　耐					
温　柔					
同理心					

附件 F-D-05 手指游戏

对象	名称	游戏玩法	功能
2～3岁儿童	手指律动运动	妈妈与孩子一起，一个被动，一个主动，主动者以食指及中指做出步行的动作，再随着音乐在被动者身体各部分行走摆动	● 通过身体接触，加强亲子互动 ● 加强身体感觉 ● 强化其专注度
3～5岁儿童	手指变！变！变！	左右手举起食指，在念过"咒语"后，让左右手相撞，然后左手就出现两个手指（食指及中指），结果就是把两个手指变为3个手指（如此类推）	训练孩子的专注度及手指的灵活性
	手指说故事	用手指仿造一些对象，如电话、剪刀、面包、眼镜及照相机等，把这些对象再串连成一个完整的故事	● 增加趣味性 ● 训练孩子的专注度及理解力

4. 社区工作

（1）社区工作简介。家庭生态系统理论表明，除家庭及家庭成员会影响个人的发展外，社会文化、社会政策及社会历史发展状况亦会影响有特殊需要的儿童及其家庭面对和解决问题的能力（Morales & Sheafor, 2011）。社区工作以相信社会是平等公义的，所有残疾人都有自决的权利为立足点和出发点，认为社工的介入是帮助个人、社会及政治充权的过程。社工在社区工作中的职责是，通过将社区内面对共同问题的人士组织起来，帮助他们建立相互支持、分享、服务网络，让其在减少对专业及正规服务依赖的前提下，共同厘清社区需要，合力解决社区问题，改善社区生活环境质量，培养自助、互助及自决精神；提高社区人士对社区生活的参与度，让其共同关注及分析社会环境及政策，发挥居民的集体力量，集思广益，通过向有关部门反映意见，积极争取社会环境及政策的改善，以便让政策发挥深远及持久的影响力，从而让有特殊需要的儿童及其家庭获得社会政策的保障及尊重，帮助他们舒缓生活中压力、解决生活困难，协助他们克服无能感，实践社区照顾，减少社会问题，推动社会发展，与社区健康人士一起，共同建构和谐共融的社会环境。此外，社工还应该通过社区工作让残疾人士充分发挥他们的潜能，培养自己的社区领袖，在为自己争取安全及舒适的居住环境的前提下，帮助他们融入社区，共同建设关怀、和谐、共融的生活环境，增强其对社区的归属感，进而达致公平、正义、民主、和谐的社会建设目标（Barker，2003；Rubin & Rubin，1986）。

邻里层面的社区工作以社区居民为主导，旨在鼓励居民积极参与社区事务，满足他们的需要并解决社区问题。有特殊需要的儿童及其家庭在参与社区生活时，将会面对多方面的压力及困难，因而邻里关系显得非常重要。社区人士的接纳和包容并给予支持，是帮助有特殊需要的儿童及其家庭适应社区生活必不可少的条件。

邻里层面的社区工作在总体上可概括为4个阶段性介入模式，包括：

- 探索期——计划服务、社区联络、建立关系。
- 动员期——资源策动、成立小组、训练及巩固。
- 巩固期——成立组织、工作系统化、稳定组织。
- 反思期——重估需要、检讨及跟进。（Henderson & Thomas，2013）

在秉持"助人自助"理念，让有共同需要的人组成自助组织、建立支持网络的不同阶段，社工职责包括，分析他们的需要，推动其成立互助组织，鼓励其利用互助网络，就相关社会问题展开研究、讨论、行动并与组织共同反思行动的成果（莫，1994）。

（2）作为需求分析者的社工——社工在探索社区背景时，除了必须掌握社区的基本资料，包括人口、历史、社区服务、环境设施、社区经济、政治、交通、社区价值观念、社区资源等之外，还需要特别针对有特殊需要的儿童家庭群组，展开个别面谈、家长小组或大会、社区调查，以全面了解有特殊需要的儿童家庭的基本情况及心理需要，尤其是在特定社区环境中的具体需要，包括公共交通支持、教育需要、社区服务支持、社区环境、文娱康乐设施、邻里关系、社区归属感等方面的需要，并通过深入分析以界定社区的需要。相关分析需在以下 4 个方面展开。即个人主观感觉需要（Felt Need）、社区上求过于供的表达需要（Expressed Need）、不符合社区质与量规格的标准需要（Normative Need）、与其他背景相近的地方相比差异化需要（Comparative Need）（Bradshaw，1972）。需求分析的目的，是为了在日后争取政策改善以平缓社区资源与有特殊需要儿童家庭的需要，其中社工及其机构的主导思想将起决定性的作用。因为在这个过程中，社区需要的轻重缓急及处理的先后次序乃至工作方向的订定，都是由社工及社工机构的意识形态所主导的。

除需求分析之外，依据社会交换理论，对社区动力及权力分布问题展开分析，也是十分重要的。而且社区里各种资源体系的互动关系及其互动规律，也是分析的重要内容。这里所说的社区体系指的是个人、团体、组织、部门等，我们需要了解社区体系的目标、信念、组成、拥有的资源、资源的来源、期望、发展状态及活跃度等，以便日后在有需要时与其开展资源交换及合作，或形成权力依赖关系，或通过结盟以整合工作资源（甘等，1997）。

社会政策包括影响社会不同社群资源、社会地位及政治权力分配的组织决策，而社会政策分析则是指对政策内容的设计及政策执行的过程进行检视（Walker，1984；Hill & Bramley，1986）。通过对社会政策的分析，理解社会政策及其执行时所涉及的影响因素，能在组织服务对象时提出具体及合乎实际的建议（甘等，1997）。这是因为，社工在协助服务对象面对问题时，要考虑与服务对象所面对的问题有关的政策及其相互关系，这是社工组织社区工作时订定工作方向的政策基础。

（3）作为社区工作组织者的社工——所谓组织，乃是把一群有共同需要、面对共同问题的人组成自助组织，让其建立支持网络，以提供多元化的相互支持、多样化的信息及实质性的协助，在同舟共济精神引领下，以互助合作、互相关怀、群策群力、关怀社区的态度，通过紧密的联系及主动的参与而相互支持并彼此协助，营造接纳及认同的组织氛围，提高参与者的自我形象及能力，在社会认同及支持的基础上，建立自身的社会角色（Schubert and Borkman，1991）的活动。有特殊需要的儿童的家庭，作为一个功能性群体，他们的背景、特色及所面对的困难和问题大致相近，因而对有特殊需要的儿童的家庭开展组织工作，实则是立足于其共性，给予他们心理上的支持，促使他们运用自己的才能及可利用的资源相互协作、相互配合，以共同解决其所面对的困难及问题。在组织建立初期，社工应立足于他们的个人利益而提升其参与动机。让组员在参与过程中有所收获，是改变他们的状况，把他们联合成为网络活动互助组织，从而提升他们的能力并在群体的支持下，以正面的态度面对自身问题，尤其是把自身问题看成是群体问题，从而寻求解决方法的共同的思想基础（罗，陈，1994）。

在组织工作过程中，参与者虽然有共同需要，但他们的经验却是各不相同的，难免会因对事件的分析及理解不同而出现意见分歧。因而，他们在分享过程中多会从自身的经验出发。在这种情况下，他们会作为组织者的社工，应该协助他们沟通，以让他们求同存异并从集体文化规范出发，改变参与者以个人利益为本位的立场，系统而有效地传递传承参与者的个人经验及技巧，同时还应协助他们建立组织架构，让自助组织的参与者轮流担任各种职务，在不断吸纳新成员的过程中，增加平等参与机会，让其建立对自助组织的归属感（甘等，1997）。

（4）作为服务对象增权者的社工——通过互助而提升的能力感，并不等同于全面增权。这里所说的增权，乃是一个提升有特殊需要儿童家庭能力和意识的过程。增权的目的是，让他们运用集体的力量和所掌握的权力，通过反映政策的不足而争取应有的权利，影响资源的分配，改变社区人士对他们的误解及自身所处的不利的社会位置，重整社会权利关系使其成为正面的力量，进而以平等、合作和关怀取代压迫、竞争和歧视，为他们建立一种新的世界观及价值体系。增权的目的，不是为了帮助某一个人，而是促使他们以集体的力量实施争取权益的行动，让他们怀抱利他主义精神，去帮助更多有相同需要的人（黄、李，1996）。这时，社工的角色将慢慢由主导者转变成服务对象的合作者。这时，社工的主要职责是，促使以小组形式建立的社区组织成为社区新的政治力量，引领组织发展并立足于自身的切身利益，检视政策的不合理，以不断壮大的组织及逐渐增强的分析能力，与相关部门就相关政策问题展开讨论，以期调整政策并改善其在社区里的生活质量。此外，社工还应在组织不断发展壮大的过程中，促使组织制度化并强化对成员的监督和管理，让其定期检视组织的工作目标和工作内容。

（5）作为社区联系者的社工——在策动所服务的有特殊需要的儿童家庭参与社区生活，让他们积极投入影响他们生活质量的社区事务时，策动资源为他们提供协助也同样重要。立足于地域的社区组织，旨在联系社区内的不同机构和个人，发挥自助精神，促进社区人士的相互了解，在互助和互利的基础上，争取社区人士对有特殊需要的儿童及其家庭的认同和接纳，从而提升有特殊需要的儿童及其家庭面对困难、解决问题的能力，实现让其全面增权的目的。

社工鼓励社区积极参与并协助有特殊需要的儿童及其家庭与社区联络，以建立邻里互助及支持网络，充分发挥自助互助精神，合力为社区提供资源及服务，以对抗有特殊需要的儿童的家庭所面对的社会问题。此外，社工还应充分调动社区本身已有的资源，在满足社区服务发展需要同时，与社会企业及政府部门形成合力，改善及提升社区整体生活质量，培养他们对社区的归属感，减少有特殊需要的儿童与其家庭与社区的疏离，达致整合社区的建设目标（James, Schulz & Van, 2001）。

在政策层面，康复服务、社会保障、教育、医疗、就业等活动，都可以协助有特殊需要的儿童及其家庭，使他们得到合理的照顾。当有特殊需要的儿童及其家庭参与社区生活时，通常会因为有特殊需要的儿童的行为及情绪不被理解，而使他们在使用社区设施时得不到相应的支持。比如社区人士可能因不了解有特殊需要的儿童及其家庭的困难而在轮候使用社区设施时感觉到受阻，故而对有特殊需要的儿童及其家庭施以白眼，令有特殊需要的儿童及其家人因增添压力而不敢参与社区生活。例如，自闭症儿童在乘坐公共交通工具时喜欢站在座位上看窗外风景，高兴时还会不自觉地大叫或拍打前面的座位，邻座的社区人士可能会因不理解自闭症儿童的情绪及行为而表示不满，家长便可能因感到不被接纳而尴尬无奈，以至于因担心自家儿童影响他人而减少其参与社区活动的机会。

除了需要以个案及小组工作协助家长提升管教子女的技能和处理儿童使用公共交通工具时可能出现的问题外，社工还可通过组织有特殊需要的儿童的家庭组成自助组织，鼓励他们亲身参与社区生活，勇敢地向社区人士展示自己并表明困难。通过这种活动开展社区教育，以便让社区人士了解和理解他们。同时，社工还应鼓励他们对社会政策及设施提出改善意见，以减少他们使用交通工具及其他公共设施时的困难及压力，促使他们与社区融合，并在促使社区人士了解和接纳有特殊需要的儿童的过程中，推动社会环境的改善和社会政策的改变，从而让有特殊需要的儿童有尊严地融入并参与社会生活。让有特殊需要的儿童及其家庭在社会实践中实现社会共融理想，也是社工的重要职责。例如组织家长与运输署及公共交通公司开会，让家长表达有特殊需要的儿童乘坐公共交通工具的困难，并就有特殊需要的儿童使用婴儿车乘坐公共交通工具问题提出建议，以改善有特殊需要的儿童乘坐公共交通工具的安全状况并减少他们对公众人士的滋扰。

2001年由协康会协助成立的"同心家长会"，便是一个由有特殊需要的儿童的家长所组成的自助组织及义务压力团体。他们是一批非常关注自己有特殊需要的子女发展，悉心照顾与支持子女成长，全面参与儿童学习过程的人士。"同心家长会"成立的目的是协助家长提高对康复服务的认识水平。为此，通过建立支持网络，"同心家长会"在促进家长间的联系及分享、鼓励家长间相互扶持、共同关注有特殊需要儿童的同时，还通过开展公众教育活动，促进社会人士认识和关怀有特殊需要的儿童。此外，"同心家长会"还通过让家长们参与不同的会议或约见政府官员，就机构及政府的康复事务及政策表达意见，积极为有特殊需要的儿童争取应有的权益和福利。如"同心家长会"已成功地争取到了在学前中心设立言语治疗服务的项目。经过数年的努力，"同心家长会"还成功地为有特殊需要的儿童争取到了乘车优惠并就特殊幼儿的服务轮候时间过长及学额不足问题表达了意见等。通过有效地向政府反映意见，"同心家长会"在很多方面实质性地推动了政府相关政策的改善。

  十数年来，"同心家长会"所开展的活动还包括，定期开会分享经验及资源；前往不同地区及国家了解当地有特殊需要的儿童的服务方式，学习和交流经验；举办旅行或活动强化有特殊需要的儿童的家庭之间的联系；举办社区教育活动，如绘画比赛并把作品制成纪念品在社区内派发，让社区人士了解有特殊需要的儿童的能力；定期出版刊物，如《童路同心》《同心语》等，让"同路人"分享经验并开展社区教育工作；就相关议题展开深入讨论，针对不同类别的有特殊需要的儿童组成不同的关注小组，包括自闭症关注小组、融合教育关注小组、特殊教育关注小组、肢体弱能关注小组等。作为一个成立时间较长，发展较为成熟的自治组织，"同心家长会"有明确的发展目标及方向，建立了完善的会员制度、领袖制度及监察制度，可以持续地在社工的协助下培育社区领袖，促进其自身的发展和壮大。

（6）作为教育倡议者的社工——教育倡议是一个漫长且需要耐心及诚心的介入过程，其目的是改善社区关系及决策权力的分配，向弱势群体灌输民主思想，协助居民组织起来对自身的权益议题展开讨论，对政府政策的相关内容做出响应，并集结基层力量，向当权者表达诉求。在这个过程中，作为使能者的社工便充当了教育倡议者的角色。此外，社工还可以以共同利益为出发点，组织和鼓励非弱势群体与弱势群体之间的接触和对话，引发他们对社区事务的共同关注，促使非弱势群体认识和了解弱势群体，以引导社区建立更加紧密和平等的邻里关系（甘等，1995）。

就有特殊需要的儿童的培训需要而言，由医疗、教育、福利三方面合作提供的整体性及长久性的服务显得非常重要。而在有特殊需要的儿童及其家庭的支持方面，强化家长亲职教育培训，帮助其争取权利，将有助于他们在社会上获得平等的权益。在这一过程中，社工所担当的教育倡导者角色，则需要协助有特殊需要的儿童及其家庭在争取所需资源方面获得立法支持并融入社区生活，以提升生活质量。

（7）作为社会议题倡导者的社工——运用传媒倡导社会议题，是社工协助弱势群体的一项非常重要的工作。运用传媒与外界沟通,并表达意见和实施公众教育,以引起社会对相关社会议题的讨论及关注,是作为社会议题倡导者的社工的职责之一,例如他们可以在"母亲节"及"父亲节"时,以专题方式在报章上介绍有特殊需要的儿童及其家庭的感人故事,在电台或电视节目中以城市热门话题为主题播放特辑,或邀请著名人物参与和支持各种公益活动,以提高活动的新闻性。社工运用传媒的另一个目的,是使有特殊需要的儿童及其家庭的故事迅速、真实、坦诚、公正及友善地通过新闻媒体广为传播,以便让更多的社会人士认识和了解他们(甘等,1997)。

(8)作为社会政策倡导者与立法游说者的社工——游说是以有组织、有计划的目标,影响公共机构的政策,使之吻合自身的利益及立场。游说对象包括政府官员、咨询委员会委员、立法局议员、政党等。游说内容主要有,在政策范畴内争取资源及支持、要求在议会上提出相关动议、提出相关政策及立法的建议、要求变更运作机制及内容。其目的是改善福利政策或社会服务,帮助弱势群体获取所需服务。

详细的分析及研究,能增加游说的力度,提高游说的成效。例如在争取政府提供更多资源以支持有特殊需要的儿童及其家庭时,相关的定量及定性分析是不可或缺的。因而，社工应在开展深入的典型调查并进行深入的个案研究的基础上，向游说对象展示更全面的数据，以让其更充分地了解和掌握有特殊需要的儿童及其家庭的实况，从而提升他们的支持度，让争取权益的活动更易获得理想的效果。

（9）作为政策执行监察者的社工——在一个健全的民主社会里，教育和倡导的积极效果就是培育出一些有政治意识的选民，让他们能更理性地看待社区发展问题，较容易意识到自身的权益，并能更理性地争取和捍卫这些权益。这一过程，实质上构成了监察政府工作的一个组成部分（甘等，1997）。通过监察官员或议员如何响应市民的需求及其在不同会议上的言论和工作情况，还有议员对其政纲的实施情况、对特殊个案的处理情况等，以确保所争取的权益得到支持，是社工检讨并计划下一步行动的前提和基础。

随着社会不断进步及有特殊需要的儿童的数量不断增加，他们需要社会支持的力度也在不断提升。为此，社会需要对有特殊需要的儿童及其家庭的需要更为了解并投入更多的关注。例如，特殊幼儿中心学额、融合教育发展、升学及就业机会、社区设备设施等问题，都需要通过教育倡导工作来推动社区人士的理解，从而在接纳有特殊需要的儿童的心理基础上，加快推动社区环境设施、社会政策及法例的改善，逐步满足有特殊需要的儿童及其家庭的需要，减少或预防他们可能面对的困难，让他们能更好地融入社区，参与不同的社区活动，让他们与社区人士共同建设和谐共融的社会。

4.3.3 社会工作教育者

1. 社工教育的使命与目标

社会工作是一门建基于一套核心价值观及伦理体系的"以人为本"的实务性极强的助人专业。林孟秋教授（2002）指出，大学社工教育的使命，在于培育能够为社会大众谋求福祉、伸张社会公义的专业社会工作人员。以此为使命，社工教育的目标可概括为下述4个方面：

（1）提高学生独立思考和分析的能力。

（2）培养学生的社会公益精神和专业价值观。

（3）传授专业知识和助人技巧。

（4）促使学生自我了解、自我接纳。

综合而言，社工教育的宗旨乃是训练优质的专业社会工作人员，让其建立与社会福利有关的知识体系，以便其为社会做出贡献。大学社工专业教育的目标，是培养对服务对象及社会公义有担当的专业社工人才。

2. 社工教育的课程内容及学制

社会工作教育主要包括两大方面的内容：一是理论，二是实务经验。为达成上述社工教育的使命与目标，社工教育的课程内容大致涵括以下几个方面：

（1）个人及专业成长——协助学生自我认识，促使其通过自我认识而了解他人。此外，借助学生与其家庭和社会的关系，于情境中探讨社会工作的本质，协助学生自我成长。

（2）人类行为与社会环境——包括认识人类行为的心理学机制及了解社会运行的社会学机制。

（3）社会福利及社会工作导论——包括"社会问题和社会福利"及"社会工作哲学及原则"等内容。

（4）社会工作理论及实践——包括"个案工作""小组工作"及"社区工作"。

（5）社会政策及行政——包括"社会福利服务行政及管理""社会工作研究""社会政策研究""社会工作教育""社会工作与法律"等。

（6）选修科目——包括"家庭为本社会工作""青少年社会工作""安老服务社会工作""康复服务社会工作"等。

（7）实习——包括部分时间实习及全时间实习，实习时间不少于 800 小时，实际要求视乎各院校具体情况而定。亦有院校会为学生安排海外实习的机会。

在学制方面，香港的社工教育被分为社会工作高级文凭、社会工作副学士、社会工作学士、社会工作硕士以及社会工作博士等课程。课程又分兼读制和全日制两类，修读年期视乎所选读的课程和编制而定，一般是2～4年不等，其中的博士课程则以4～8年为修读期限。

3. 香港社工教育的特色及发展趋势

（1）香港社工教育的特色：

- 课程设计全面化。注重培养"情"与"理"兼备的社会工作专业人才。香港的社工教育除重视课程规划外，还设有校外考试委员制度，以便使其与机构保持密切联系。此外，香港社工教育机构还建立了对课程定期评估制度，以响应社会及时代发展的需要。

- 重视实习，教学方式灵活多样。在二年级和三年级时，学生会在实习督导师的个别督导下，到福利机构实习至少800小时，以帮助学生建立社会工作的信念及价值观，并将理论和技巧结合起来付诸实践。除课堂讲授外，香港社工教育机构还十分重视小组学习，通过让学生收集资料、开展专题研讨、进行角色扮演及探访社区等多种教学模式,增加学生在各方面的学习体验。

● 重视对外交流。近年课程中加强了对中国内地和台湾两地社会福利问题探讨的内容,而且还吸纳两地学者和社工到港修读博士、硕士学位。同时还会组织交流团到台湾地区及内地参观社会福利设施。此外,香港社工教育机构还会为学生提供到美国、加拿大等国及中国内地、中国台湾地区实习的机会。

● 社工教师研究领域广泛,积极参与学术交流活动并为政府与非政府组织提供义务顾问服务。同时,香港社工教育机构还十分重视与企业界的合作,通过为社工学生提供多种多样的专项奖学金,鼓励学生投入社工专业学习。

(2)香港社工教育的发展趋势:由于香港特殊的政经文化环境,其福利政策及社工教育的发展受欧美国家的影响深远。特别是在港英政府统治期间,为了将起源及发展于英国的社会福利制度推行于香港地区而造就了香港社工教育的基本特征。如何植根于本土社会实际及文化背景,整合国外社工教育课程,以在本土文化背景下及社会实际情况中推行社会服务,过去是现在依然是香港社工教育必须探讨的课题。因而,找准自己的定位，瞄准世界先进水平，实现与国际社会专业社会工作理念的全面接轨，无疑是香港社会必须深入探讨的基本命题。此外，互联网技术的迅猛发展，必将对一向注重个别化、以人为工作对象、习惯了面对面工作方式的社工教育提出新的挑战。社工网络教育该如何开展，无疑也构成了香港社工教育领域必须面对的全新课题（林孟秋，2002）。

4. 持续专业发展

（1）持续专业发展的定义——在讨论社工持续专业教育前，先要了解什么是持续专业教育以及持续专业教育的目的。从持续专业教育的功能来定义，持续专业教育就是为了适应社会的变迁，促进专业知识成长而通过激励自我超越，来提升组织及个人的专业素质，促进机构的持续发展并造福于服务对象的教育。从专业自身的角度来定义，则是要不断增进从业人员专业知识、强化专业态度、提升与人共事及协助人群之技巧与能力，同时直接或间接地借助在职持续教育，训练其对他人之了解以及与工作人员之间的互动能力和技巧，进而提升机构之服务效能，让服务对象获得更优质的服务。简言之，持续专业教育是指专业人员或机构为了因应外在环境的变迁以及内在人力资源的发展需求，为提升工作效能，增进服务效益，令服务对象受惠，而对从业人员提供的知识服务及实施的技能训练。

社会工作发展比较完善的美国、英国、加拿大、澳大利亚、新加坡等国家及中国台湾地区的社会工作者组织，已对社会工作持续专业教育的定义、目的及内容，制定了明确的规定和指引，以让社工接受持续专业教育，推动社工专业发展。社会工作在香港已历经了半个多世纪的发展，香港社工教育的专业水平可与欧美发达国家媲美。而通过持续专业教育提升社工的专业水平，巩固和推动社工专业发展，也早已成为香港社工业界的共识。虽然香港社工注册局制定的《注册社会工作者工作守则》第五条规定，持续专业教育是社工的个人责任，该守则要求社工不断增进本身的专业知识和技能，以便让服务受众获得更适切、更完善的服务，但其在《注册社会工作者工作守则实务指引》中却列明，社工每年宜参加不少于24小时的专业增值活动（如训练课程/项目、讲座、会议、研讨会、论坛、工作坊等），以增进专业知识和技能。但是，迄今为止，香港仍未建立强制性的持续专业教育机制，亦没有任何组织制定相关指引。

（2）持续专业发展的需要——

- 因应社会需要的转变。随着全球一体化进程的加速，在社会环境急速转变、社会问题变得日趋复杂、信息技术日益发达、民权意识不断增强的提升同时，社会福利制度也在发生急剧变化，具体表现为服务类型日趋多样化和复杂化、问责意识出现和质量意识增强等，使得社会工作正在面临着如何适应这一转变所带来的严峻考验以及社会工作教育该如何调整和转型等一系列新的挑战。因此，"持续专业教育"与"专业发展"早已成为社会各界专门讨论的热门话题，社工界也不例外。社会工作专业持续教育该如何发展，社工为什么要以及如何接受持续专业教育、持续专业教育的内容是什么，而今已经成为社工界争论不休的议题。

- 该如何调整和转型以寻求进一步专业成长及发展。为了寻求卓越的专业水平，参与各项活动以汇聚和分享本地社工的实务知识与技巧，同时与其他国家及地区的社工交流实务心得，对社工来说都是非常重要的。
- 施以问责。服务使用者有权接受高质量及专业化的服务，其权益应受尊重。因此，社工应致力于持续专业发展，以竭尽所能提供最佳服务。在世界各地的主要社工专业团体所制订的工作守则中，均列明了社工应参与持续专业发展的条款。而公众及雇用机构，甚至会将持续专业发展视为评估社工服务效能和工作能力的一项标准。因此，社工应通过持续专业发展提升专业水平，进而提升公众及社会对他们的认受度。

5. 社工教育发展议题

在探讨持续专业发展的未来时，以下问题是必须面对的。这些问题包括，社工持续专业教育应怎样推行？该如何选择和平衡自主性与强制性持续专业教育？该由哪个团体监管及颁授持续专业教育营办者资格？持续专业教育进修期限为多久合适？持续专业教育积分制/时间制应是怎样的？持续专业教育内容的评分标准应是怎样的？持续专业教育是否可被视为能否更新牌照的考虑因素？社会工作教育未来的发展方向、人才培养目标、课程内容设置应是怎样的？社工个人素质和实践培训之间的质与量是否需要重新调整？如何在侧重社工实践的训练中，加强社工价值与个人价值反思的内容？毫无疑问，上述所列的这些问题，都是事关专业社会工作发展以及社会工作教育的未来，是亟待考虑、探讨、征询、解决的重大议题。

6. 总结

社会工作者在学前儿童康复服务工作中扮演着极其

重要且多元化之角色，他们作为个案管理员，需要协调各专业人员并整合运用各种社会资源，为家庭提供全面的支持。作为一个实务工作者，他们需要为各家庭成员提供辅导和支持，以个案和小组手法，协助家庭及家庭成员克服各种适应方面或生活方面的困难，并帮助他们发挥潜能，在有特殊需要的儿童的发展早期，帮助家长提升解决问题和应付压力的能力并养成良好心理素质。在前瞻性服务方面，社工应以社区工作方法，推动和倡导为家庭增权的工作，令育有有特殊需要的儿童的家庭，享有愈来愈优质的服务。在促进专业社会工作发展问题上，社工还担负着教育后起之秀的职责，这是让学前发展障碍儿童康复社会工作可持续发展的重要条件。

参考文献

［1］American Psychiatric Association. *Diagnostic and Statistical Manual of Mental Disorders*（5th Edition：DSM—5）［M］. Arlington，VA：American Psychiatric Publishing，2013.

［2］Barkley，R. A. *ADHD and the Nature of Self Control* ［M］. New York：The Guilford Press，1997.

［3］Barkley，R. A. *Attention – Deficit Hyperactivity Disorder：A Handbook for Diagnosis and Treatment*（3rd Edition）［M］，New York：The Guilford Press.

［4］Fung，C W and Wong，V. Program for Chinese children with developmental disabilities – the Hong Kong model［J］，*Brain and Development*，2005，27（2）：141–147.

［5］Leung S S L, Leung C M L and Chan R S M. *A Needs*

Assessment Report of Children 0 – 5 Years［M］. Hong Kong: Committee on Promoting Holistic Development of Preschool Children, 2005.

［6］Pierangelo, R and Giuliani, G. *The Educator's Diagnostic Manual of Disabilities and Disorders*［M］. San Francisco, CA: Jossey – Bass, 2007.

［7］Tang, K M L, Chen, T Y K, Lau, V W Y and Wu, M M F. Clinical profile of young children with mental retardation and developmental delay in Hong Kong［J］. *Hong Kong Medical Journal*, 2008, 14 (2): 97 – 102.

［8］World Health Organization. *International Classification of Functioning, Disability and Health* (ICF)［R］, Geneva: World Health Organization, 2001.

［9］World Health Organization. *International Classification of Functioning, Disability and Health for Children and Youth* (*ICF-CY*)［R］. Geneva: World Health Organization, 2007.

［10］American Psychiatric Association. Diagnostic and Statistical Manual of Mental Disorders, 5th Edition: DSM—5［M］. Arlington, VA: American Psychiatric Publishing, 2013.

参考文献

[11] Barkley, R. A. ADHD and the Nature of Self Control [M]. New York: The Guilford Press, 1997.

[12] Barkley, R. A. Attention – Deficit Hyperactivity Disorder: A Handbook for Diagnosis and Treatment (3rd Edition) [M], New York: The Guilford Press, 2006.

[13] Fung, C W and Wong, V. Program for Chinese children with developmental disabilities – the Hong Kong model [J]. Brain and Development, 2005, 27 (2): 141 – 147.

[14] Leung S S L, Leung C M L and Chan R S M. A Needs Assessment Report of Children 0 – 5 Years [M]. Hong Kong: Committee on Promoting Holistic Development of Preschool Children, 2005.

[15] Pierangelo, R and Giuliani, G. The Educator's Diagnostic Manual of Disabilities and Disorders [M]. San Francisco, CA: Jossey – Bass, 2007.

[16] Tang, K M L, Chen, T Y K, Lau, V W Y and Wu, M M F. Clinical profile of young children with mental retardation and developmental delay in Hong Kong [J]. Hong Kong Medical Journal. 2008, 14 (2): 97 – 102.

[17] World Health Organization. International Classification of Functioning, Disability and Health（ICF）.[M], Geneva：World Health Organization, 2001.

[18] World Health Organization. International Classification of Functioning, Disability and Health for Children and Youth（ICF-CY）[M]. Geneva：World Health Organization, 2007.

[19] 香港政府卫生署网页，www. dh. gov. hk.

[20] 香港政府医院管理现局网页，www. ha. org. hk.

[21] 香港政府社会福利署网页，www. swd. gov. hk.

[22] Ballew, J. R. & Mink, G. Case Management in Social Work：Developing the Professional Skills Needed for Work with Multi-problem Clients（2nd ed.）[M]. USA：Thomas, 1996.

[23] Barker, R. L. The Social Work Dictionary（5th ed.）[M]. Washington, DC：NASW, 2003.

[24] Bradshaw, J. The Concept of Social Need [M]. New Society. 1972, 30, 640–43.

[25] Bronfenbrenner, U. The ecology of human development：Experiments by nature and design [M]. Cambridge, MA：Harvard University Press, 1979.

[26] Dorfman, R. A. Clinical Social Work: Definition, Practice, and Vision [M]. NY: Brunner/Mazel, 1996, 41 – 47.

[27] Figley, C. R. Treating Stress in Families [M]. New York: Brunner/Maze, 1989, 67 – 95.

[28] Heep Hong Society. 协康会网页. www.heephong.org.

[39] Heep Hong Society. 社会工作手册[M]. 香港: 协康会, 2011.

[30] Heep Hong Society. 早期教育及训练中心工作手册[M]. 香港: 协康会, 2014.

[31] Heep Hong Society. 特殊幼儿中心工作手册[M]. 香港: 协康会, 2009.

[32] Heep Hong Society. 儿童健乐会手册[M]. 香港: 协康会, 2009.

[33] Henderson, P. &Thomas, D. N. Skills in Neighbourhood Work (4th ed.) [M]. NY: Routledge, 2013.

[34] Hill, M. & Bramley, G. Analysing Social Policy [M]. NY: Blackwell, 1986: 18 – 20.

[35] Individuals with Disabilities Education Act (IDEA) [EB/OL] http://www.idea.edu.gov. US: IDEA, 2004.

[36] James S. A., Schulz, A. J. & van, O. J. Social Cap-

ital, Poverty, and Community Health: an Exploration of Linkages [G] //Saegert, S., Thompson, J. P. & Warren, M. R., Social Capital and Poor Communities. New York: Russell Sage Foundation, 2001.

[37] Malon, D. M., McKinsey P. D., Thyer, B. A., & Straka, E. Social Work Early Intervention for Young Children with Developmental Disabilities [J]. Health & Social Work, 2000, 25 (3), 169 – 180.

[38] Minuchin, S. & Fishman, H. C. Family Therapy Techniques [M]. USA: Harvard College, 1981.

[39] Morales, A. T., Sheafor, B. W. & Scott, M. E. Social Work: A profession of Many Faces (12th ed.) [M]. Boston: Allyn & Bacon, 2011.

[40] NASW. Standards for the Classification of Social Work Practice [M]. Washington, DC: Author, 1982.

[41] Nichols, M. P. The Self in the System: Expanding the Limited of Family Therapy [M]. NY: Routledge, 2011.

[42] Rubin, H. J. & Rubin, I. Community Organizing and Development [M]. Columbus: Merrill, 1986.

[43] Schubert, A. M. & Borkman, J. T. An Organizational Typology for Self – help Groups [J]. American Jour-

nal of Community Psychology, Vol. 1991, 19 (5): 769 – 787.

[44] Seligman, M., Darling, R. Ordinary families, special children: A System Approach to Childhood Disability (3rd ed.) [M]. NY: Guilford, 2009.

[45] Shannon, P. Barriers to Family – Centered Services for Infants and Toddlers with Developmental Delays [J]. Social Work, 2004, 49 (2): 301 – 308.

[46] Shulman, L. The Skills of Helping Individuals, Families, Groups, and Communities (6th ed.) [M]. CA: Brooks/ Cole, 2009: 281 – 524.

[47] Sileo, N. M. & Prater, M. A. Working With Families of Children Special Needs: Family and Professional Partnerships and Roles [M]. Boston: Pearson, 2012.

[48] Tuckman, B. W., & Jensen, M. A. C. Stages of Small Group Development Revisited [J]. Group and Organizational Studies. 1977 (2): 419 – 427.

[49] Turnbull, A. P., Turbiville, V., & Turnbull, H. R. Evolution of Family – Profession Partnership: Collective Empowerment as the Model for the Early Twenty – first Century [G]. //S. J. Meisels& J. P. Shon-

koff. Handbook of Early Intervention. NY: Cambridge University Press, 2000: 630 – 650.

[50] Walker, A. "Social Planning: A Strategy for Socialist Welfare [J]. Journal of Social Policy, 1984, 14 (1): 101 – 104.

[51] Wasserman, H. & Danforth, H. E. The Human Bond: Support Groups and Mutual Aid [M]. New York: Springer, 1988.

[52] Zastrow, C. H. The Practice of Social Work: A Comprehensive Worktext (9th ed.) [M]. CA: Thomson Brooks/Cole, 2009.

[53] Beauchamp, T. L., & Childress, J. F. *Principles of biomedical ethics* [M]. London: Oxford university press, 2001.

[54] Goldstein, H. Education for ethical dilemmas in social work practice [J]. *Families in Society: The Journal of Contemporary Human Services*, 1998 (79): 241 – 253.

[55] Johnson, L. C. *Social work practice – A generalist approach* (3rd ed.) [M]. USA: Allyn and Bacon, 1989.

[56] Levy, C. S. The value base of social work. *Journal of education for social work*. 1973, 9 (1): 34 – 42.

[57] Maslow, A. H. A theory of human motivation [J]. *Psychological review*, 1943, 50 (4): 370.

[58] Perlman, H. H. Believing and doing: Values in social work education [M]. *Social Casework*. 1976, 57 (6): 381 – 390.

[59] Reamer, F. G. Social work values and ethics [M]. Columbia: Columbia University Press, 2013.

[60] Vigilante, J. L. Between Values and Science: Education for the Profession; Or, Is Proof Truth? [J]. *Journal of Education of Social Work*. 1974, 10 (3): 107 – 115.

[61] Whan, M. On the Nature of Practice [J]. *British Journal of Social Work*. 1986 (16): 243 – 50.

[62] Yuen, S. P. & Ho, Y. Y. *Reconstitution of Social Work: Towards a Moral Conception of Social Work Practice* [M]. NY: World Scientific Publishing Company, 2010.

[63] 甘炳光，胡文龙，冯国坚，梁祖彬. 社区工作技巧 [M]. 香港：香港中文大学出版社，1997.

[64] 甘炳光，梁祖彬，陈丽云，林香生，胡文龙，冯国坚，黄文泰. 社区工作：理论与实践（第二版）

[M]. 香港：香港中文大学出版社, 1995.

[65] 吴梦珍；区初辉，区泽光，陈章明，蔡冠华，蔡炳纲；小组工作[M]. 香港：香港社会工作员协会, 1995.

[66] 协康会. 追求卓越——儿童康复服务新知与实践[M]. 香港：商务印书馆, 2006.

[67] 香港社会福利署. 服务质素标准执行手册[R/OL]. http：//www. swd. gov. hk/tc/index/site_ngo/page_serviceper/sub_serviceper/id_sqshandbook/. 2001.

[68] 莫邦豪. 社区工作原理和实践[M]. 香港：集贤社, 1994.

[69] 黄洪，李昺伟. 增权的再思：边缘社群与社区工作[G].//黄洪. 社区发展：挑战与脱变. 香港：集贤社, 1996.

[70] 赵雨龙，黄昌荣，赵维生. 充权——新社会工作世界[M]. 台北：五南图书出版有限公司, 2003.

[71] 罗观翠，陈丽云. 社区工作——社区照顾实践（第二版）[M]. 香港：香港社会工作人员协会, 1994.

[72] 香港社会工作者注册局. 注册社会工作者守则[R]. 2015.

[73] 卓春英. 香港社会工作教育之发展[M]. 香港：香

港科技大学出版社，2005.

[74] 吴梦珍. 香港社会工作教育的回顾与前瞻 [J]. 香港社会工作学报，1989（23）：21-24.

[75] 林孟秋. 香港中文大学社会工作课程设计的理念与方法 [J]. 中国社会工作教育通讯，2002（16）.

[76] 香港社会工作人员协会. 社会工作教育与实践及持续专业发展 [R]. 2009.

[77] 香港社会工作者注册局. 追求持续专业发展的理念 [R]. 2015.

编后语

李永伟　社会服务发展研究中心总干事

　　社会服务发展研究中心（简称"社研"）作为中国内地与中国香港特别行政区两地社工经验交流和传承的重要平台，一直不遗余力地推动香港特别行政区和中国内地社会福利及社会工作的发展。在"社研"的统筹下，6家香港社会服务机构给予了大力支持，并积极参与献计献策，他们无私地将康复领域的实务经验撰写出来，与内地的社会服务机构分享。

　　"康复社会工作实务系列"丛书堪称集各家之所长，是康复工作经验的心血结晶，其最显著的特色是，强调社工在康复工作中的角色和定位。通过专题分享和介绍6大康复服务工作领域，让内地社工及当地社福机构能一窥康复服务在香港发展的硕果，也借此促进内地康复服务本土化的发展，并使两地交换彼此的心得经验，以扩阔视野和理念。

内地康复服务近年在各方面都有高速发展，内地和香港面对的同样挑战是康复专业人士——从社工到各类治疗师的培训。为推动及加强内地前线经验较浅的员工培训，我们期望通过该手册中集结的宝贵经验，与全国其他省市的社工人士及社会服务机构分享，让他们逐步了解社会工作实务的方向，清晰开展服务的目标，并在理论和实践层面都得到指引，从而丰富基础知识和提升实践能力。最重要的是，让其明白在进行服务设计及开展工作的过程中，为什么这么做、何时做及如何做这三个关键性的问题。

随着服务推进和经验积累，我热切期望有越来越多的香港机构和同工，加入经验汇编的行列，以促使内地社工队伍不断成长壮大，同时也让社工实务经验可以薪火相传。这套实务手册是康复服务经验集结的首次尝试，当中或有错漏抑或有待完善之处，我们愿意聆听各类反馈意见，继续丰富和汇编相关经验，面向全国的社福机构继续推广，以满足内地社会服务发展的需要。

社会服务发展研究中心简介

一、"社研"背景

社会服务发展研究中心（下称"社研"）是香港注册非牟利服务机构，"社研"是由一群从事社会福利服务工作的社会工作者及主管发起，并在1998年成立。秉持"以人为本"的信念，"社研"一直致力于促进香港和内地社会福利及社会工作的发展。"社研"自2007年开始在深圳启动"先行先试"的社工专业督导计划，现时曾接受"社研"香港督导及顾问培训的学员遍布全国。2011年"社研青年议会"成立，以"燃亮两地社工情"为使命，承先启后，继往开来。同时"社研"亦于2013年在广州市番禺区注册成为社工机构，积极在各方面支持内地社工的专业发展。

二、"社研"工作

1. 内地社会工作专业发展

由 2007 年开始,"社研"积极配合国家的社工发展工作。由"盐田计划"及"深圳计划"开始,再有及后的"东莞计划""广州计划"等,都是社会服务发展研究中心与内地合作的计划。通过这些香港内地之间的合作,让内地可参考香港当年建立社会工作制度的宝贵经验、现时成熟的社会工作制度,以及借助多位经验丰富的资深本地社工的力量,帮助内地更有效地发展具有内地特色的社会工作制度。在"社研"与其他协办机构合作下,已派出诸多资深社工督导赴深圳市各区为社工开展督导工作,以协助内地发展社工本土化事宜。

2. 培训

为促进香港与内地的社会福利服务交流、协助两地社会服务机构发展人力资源,提升业界的服务质量,"社研"积极举办各项专业培训课程、研讨会和分享会,亦与两地不同的机构鼎力合作,举行大型研讨会议,让业界能交流彼此经验,掌握最新发展信息;亦能就业界关注的议题进行深入的探讨,以扩阔彼此的视野和理念。

3. 调查研究

除了促进香港与内地的沟通和交流外,"社研"亦致力进行各项有关本港与内地两地社会的研究调查，为两地政府、决策者和业界提供最新的社会动向和民意，旨在使政策制定得宜，符合社会实际情况和需求。

4. 交流

社会服务发展研究中心自1998年成立以来，举办了多次两地的交流考察活动，考察社会福利服务及交流当地风土民情，促进内地与香港两地的相向交流、认识、了解、相互学习和借鉴，在促进共融与进步的同时，增强了进一步合作，发展了两地的社会福利服务。

5. 推动香港业界发展

为凝聚社福界力量，关怀弱势社群生活素质，替社工争取权益，加强推动内地和香港社会福利及社会工作的发展，为构建两地和谐社会做出贡献，"社研"于2011年正式成立"社言港心"工作小组。通过举办不同活动，就社福发展及民生议题直接向政府有关官员表达意见。

6. 协助内地单位来港交流考察

"社研"协助内地不同单位到香港考察社会福利制度及社工发展，以加促内地推展社工服务的步伐。当中亦通过与香港同工的互相讨论和经验分享，提高了两地人员的共识和视野，加强了两地的交流合作。

社会服务发展研究中心总办事处

电话：（852）2817 6033

传真：（852）2816 0677

电邮：issd@ socialservice. org. hk

QQ：2755389992

协康会简介

协康会创立于1963年,是香港最具规模的儿童教育及复康机构之一。本会致力为不同潜质的儿童及青年提供专业评估、辅导及训练,让他们尽展所能,并支援其家庭建立积极人生,缔造平等融合的社会。协康会现有600人的专业团队,包括心理学家、治疗师、老师、护士和社工,通过直属40多个服务单位,到校支援主流中小学和幼儿园,每年服务超过10 000个家庭。本会积极推出崭新服务,同时研发"实证为本"的训练模式,通过出版、研究和培训,推动大中华区融合教育及康复服务的发展。本会包含下述机构的主要服务。

一、早期教育及训练中心

为初生至6岁发展上有障碍的幼儿提供每星期1～2次的早期教育及训练服务,并协助家长掌握有关照顾和启发幼儿的技巧,让幼儿在愉快的环境里健康成长。

二、特殊幼儿中心

透过每星期 5 天全日制的密集式专业训练和照顾，协助有中度及严重特殊需要的儿童尽展潜能，为他们未来的学习和发展奠定良好基础。

三、幼儿园

康苗幼儿园为智能正常的儿童提供优质的学前教育，让他们健康愉快地成长，在人生的学习过程中迈出成功的第一步。幼儿园附设兼收学位给有轻度学习困难的儿童。

四、家长资源中心

本会于 1990 年率先成立香港首间家长资源中心，为有需要的家庭提供多元化及全面的服务。现有 6 间家长资源中心，设有资源及玩具图书馆供会员免费借用，又提供家长咨询服务、支援小组、社交及康乐活动、儿童训练和社区教育活动等，并设有家长会及"爸爸俱乐部"，鼓励爸爸的积极参与。

五、"青葱计划"

为初生至中学阶段有特殊需要的儿童及青少年提供

多元化的专业支援服务，为家长在政府和私营服务以外，提供一个优质的服务选择。计划不受政府资助，以自负盈亏模式运作。

六、到校专业支援服务

专业团队为香港幼儿园、小学、中学及特殊学校内有特殊需要的学生提供到校评估、训练和治疗，并通过家长讲座及辅导、教师培训和学校支援工作，全方位协助学童融入校园生活，健康成长。

七、研究及出版

致力研究及开发"实证为本"的训练模式，并把在教育和康复服务领域累积多年的经验及有关成果，通过出版书籍及制作电子教材，与业界分享，借以提升学前教育及康复服务的整体质量。

八、自闭症青年成长及职训服务

通过"星亮计划"及星亮资源中心，为高能力自闭症青年融入主流社会就业提供全面支援，包括举办一系列课程及训练，提升学员的职场技巧和独立能力，助他们发挥所长。

九、APED 专业教育及发展学会

自 2005 年起，本会举办了逾百个专业培训课程，帮助数以千计的教师和家长了解有特殊需要的儿童的特性，并掌握教导相关儿童的培育技巧，口碑载道。为优化和整合教学资源，本会于 2014 年 9 月成立"专业教育及发展学会"（APED），向家长及同业提供更有系统、更全面的进修途径。课程涵盖儿童成长里程、育儿锦囊、不同发展障碍儿童的训练策略等，均由本会专业团队设计及讲授。另外，本会还与香港公开大学联合开设了多种幼儿特殊教育课程，供幼儿工作者及家长学习。

十、为大中华地区培训康复人才

本会在竭力提供服务之余，更以广传专业知识和经验为己任，务求香港以至大中华地区内有特殊需要的儿童、家庭和同行都得到所需的支援和帮助。当中尤以中国内地对儿童康复师资培训的需求最为迫切，本会应不同官方及民办机构邀请，派专业治疗师及资深导师前赴中国内地各省区市，为当地儿童康复机构、医院、学校的领导及专业技术人士提供短期培训，范围涵盖发展迟缓、自闭症儿童评估和结构化教学法、乐在地板时间、感觉信息处理与感觉统合、小肌肉发展、感知动作训练、社区适应训练等主题。本会还定期与中国内地、台湾地区及澳门特区的有关机构进行交流，并为当地同业和家长举办专业培训活动，致力促进"两岸四地"间社工教育及康复服务的发展。

本会每年两次于5月及11月举办香港实习培训课程，让内地老师和专业人员有机会到本会辖下儿童训练中心实地进行为期1~2星期的实习，就儿童发展评估、自闭症、语言发展、感知训练等专题进行深入研习并观摩香港的课程设计和课堂管理以及各种训练方法的实际操作。

大中华培训课程查询：协康会总办事处

电话：(852) 2776 3111

传真：(852) 2776 1837

电邮：info@heephong.org